華語兒童語言樣本分析：
使用手冊

Chinese Language Sample Analysis
for Children (CLSA): Manual

黃瑞珍、吳尚諭、蔡宜芳、黃慈芳、鄭子安　著

作者簡介

黃瑞珍

學歷：美國奧瑞岡大學語言治療哲學博士

經歷：臺北市立大學特殊教育學系暨語言治療碩士學位學程副教授
　　　兼主任

著作：《開啟 0～3 歲寶寶的溝通語言天賦：語言治療師說給你聽》
　　　《優質 IEP：以特教學生需求為本位的設計與目標管理》
　　　《華語兒童語言樣本分析：使用手冊》（CLSA）
　　　《華語兒童口腔動作檢核表》（OMAC）
　　　《零歲至三歲華語嬰幼兒溝通及語言篩檢測驗》（CLST）
　　　《華語兒童理解與表達詞彙測驗》（REVT）
　　　《華語學齡兒童溝通及語言能力測驗》（TCLA）
　　　（皆為合著）

榮譽：臺灣第一屆師鐸獎、台灣聽力語言學會學術貢獻獎、行政院
　　　國家科學委員會最佳學術研究獎、國家第一等服務勳章

吳尚諭

學歷：美國堪薩斯大學語言病理學博士

經歷：美國堪薩斯大學教學助理、研究助理
　　　美國 Keystone 學習中心實習語言治療師
　　　美國堪薩斯大學醫學中心兒童健康發展中心實習語言治療師
　　　台安醫院語言治療師

現職：馬偕醫學院聽力暨語言治療學系助理教授

蔡宜芳

學歷：臺北市立教育大學溝通障礙碩士學位學程
　　　（現更名為臺北市立大學特殊教育學系碩士班語言治療組）
經歷：天主教若瑟醫療財團法人若瑟醫院復健科語言治療師
　　　新朝復健診所語言治療師
現職：耀遠之心語言治療所所長
　　　財團法人天主教若瑟社會福利基金會兼任語言治療師
　　　財團法人臺灣兒童暨家庭扶助基金會附設雲林縣私立家扶發
　　　展學園兼任語言治療師

黃慈芳

學歷：臺北市立教育大學溝通障礙碩士學位學程
　　　（現更名為臺北市立大學特殊教育學系碩士班語言治療組）
經歷：美國展望教育中心教師
現職：景愛復健診所語言治療師
　　　新北市學校系統巡迴語言治療師

鄭子安

學歷：臺北市立大學語言治療碩士學位學程
經歷：宏恩醫院語言治療師
　　　臺北市立聯合醫院早期療育發展評估中心語言治療師
　　　臺北市學校巡迴語言治療師
現職：國立臺北護理健康大學語言治療與聽力學系聽語中心臨床督
　　　導
　　　國立臺北護理健康大學語言治療與聽力學系兼任講師
著作：《開啟0～3歲寶寶的溝通語言天賦：語言治療師說給你聽》
　　　（合著）

序

　　我第一次接觸到兒童語言樣本分析，是二十多年前進入語言治療博士班進修時，在 Marilyn Nippold 博士的課程上，學習利用 Systematic Analysis of Language Transcripts（SALT）來分析蒐集轉錄過的英語兒童自然對話樣本，當時的態度是：「這麼好的一套工具！這麼完整的分析！實在是太震撼了！英語可以做到，華語也一定可以！」於是，開啟了我進入兒童語言樣本分析的研究熱情。然而，華語的語言學特質與英語非常不同，首先就面臨到華語的語法、斷詞、詞性等許多難以定義的困難，而這也促使我一頭鑽進了華語語言學、句法學及語義學的領域，試著去釐清定義在兒童語言樣本分析的有效指標。在藉由博士論文〈華語兒童書寫樣本分析〉的洗禮後，大致奠定了一些語言學的根基。

　　1996 年博士畢業後返台，在大學部「兒童語言發展與矯治」的課程中，藉由學生們的語言樣本分析實驗中，使我不斷的改進，特別是在語料的蒐集情境方面，更具有代表性；轉錄的方式雖然都已經格式化，但是分析方式仍是以人工計算為主，非常的耗時費力，使用起來相當困難。接著，感謝鄭秋豫老師的支持，於 2003 年赴中央研究院語言學研究所進修，找到了更多來自於兩岸漢語語法的研究文獻及書籍，在那兒如獲至寶，解決了華語句型的分類問題。而更令人興奮的是，有機會接觸到中央研究院研發之「中文斷詞系統」，它是一個線上自動斷詞系統，且可免費使用，對於華語的斷詞有極大的幫助，並大大提升了分析的信度。

到了 2006 年，Brian MacWhinney 博士來台介紹 CHILDS（Child Language Data Exchange System）的使用，包括如何轉錄與使用程式語言分析，對於華語的樣本分析有極大的幫助，特別是使用者可以上網下載轉錄及分析軟體。

有了上述這些網路資源，讓我們大膽嘗試並建立了華語兒童語言樣本分析的使用手冊。這個團隊是由臺北市立大學特殊教育學系碩士班語言治療組的數名研究生所組成，其中蔡宣芳語言治療師是這個研究團隊的重要貢獻者。她不只完成了「華語兒童語言樣本分析」（Chinese Language Sample Analysis for Children, CLSA）之信效度研究，讓 CLSA 更具雛型；這期間也感謝國立臺灣師範大學人類發展與家庭學系張鑑如教授的指導。往後，每年上課的大學生與研究生均使用相同方法進行語言樣本分析，也不斷考驗 CLSA 的信度。除此之外，黃慈芳語言治療師更於 2010 年專為 CHILDS 之華語化設計了 AssistClan 2.1，加快了 CLSA 的分析速度，並於 2015 年強化功能成為 2.2 版，讓使用者可以更快速的轉錄及分析語料。

2014 年，在偶然間遇到了馬偕醫學院聽力暨語言治療學系吳尚諭助理教授，我們有著共同的理念、相同的專業，一拍即合。經過一年來的討論與臨床多次的實驗，並不斷的修改，期望能提供使用者淺顯易懂、容易使用的手冊，如今已可付梓，真是相當欣慰。回顧過去二十多年來的不斷努力，每個階段都有上帝派來的天使之智慧，才成為今日在大家手中的這份分析手冊。期盼使用者能繼續接棒，繼續貢獻智慧，畢竟這只是開始，未來科技的進步，華語語言學、兒童語言學和語言障礙學的研究等，仍需仰賴更多專家的參與，因此 CLSA 有無限大的進步空間。

在此非常感謝中央研究院詞庫小組對於「中文斷詞系統」的授權，以及 Brian MacWhinney 博士對於 CHAT 與 CLAN 的授權，讓我們能夠在本書中加以介紹，也要感謝黃慈芳語言治療師對於 AssistClan 2.2 軟體

的使用授權，還有鄭子安語言治療師使用本手冊指導大學部學生學會語言樣本分析，並為本手冊做了許多的修正與建議，並增加了第五章。當然，還有心理出版社林敬堯總編輯不厭其煩的編輯校稿，讓本書得以出版。最後更要特別感謝在人生路上扶持我、帶領我，給我智慧與力量，充滿恩典的神──主耶穌基督，把一切榮耀歸給祂，阿門！

黃瑞珍

2015 年深秋

目次

光碟內容

　　1. AssistClan 2.2 程式

　　2. CLSA 基礎分析空白表單

　　3. 丁丁的語言樣本分析練習檔

註：本書光碟所附之 AssistClan 2.2 程式，僅限單機使用，不得以任何形
　　式翻錄、傳送等不法行為侵害著作權。

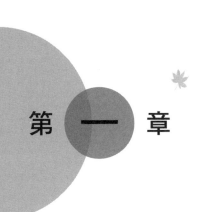

第一章

前　言

　　在臨床評估與治療上，研究者和臨床治療師需要藉助各種語言測量，來評估和標記出各種族群的語言發展變化。針對這些目的，一般有兩種典型的評量方式：（1）標準化評量工具；（2）語言樣本分析（language sample analysis，以下簡稱為 LSA），即自發性語言的評量。由於標準化評量工具通常只能診斷出語言能力是否異常，但無法對兒童的語言能力做完整的描述，因此自發性語言評量（語言樣本分析）在語言評估與治療上扮演相當重要的角色。國外已有諸多文獻明確指出，使用語言樣本分析是評量兒童語言發展的一項重要趨勢，也是臨床語言評估的重要工具（Naremore, Densmore, & Harman, 2001; Paul & Norbury, 2012）。

　　然而，由於語言樣本分析在華語使用者的臨床應用上有實際的困難，包括：語境控制困難、需要花費許多時間和人力、評分者間信度問題、華語斷詞規則較為複雜、評估項目（即有效的語言發展指標）的選擇與定義尚不明確，以及目前國內缺乏華語的標準語言樣本分析程序等，導致語言樣本分析無法有效運用在目前的語言評估程序中。

　　在過去幾年中，建構本手冊內容之相關研究團隊在語言樣本蒐集、轉錄，以及分析方面進行多項研究，發展出一套具有效度與信度，且可適用於臨床語言評估與治療之標準華語兒童語言樣本蒐集、轉錄及分析

程序，並將此程序及指導原則出版為《華語兒童語言樣本分析：使用手冊》（Chinese Language Sample Analysis for Children: Manual，以下簡稱為 CLSA）。本手冊解決了上述問題，並針對華語特性詳細說明語言樣本蒐集之目的、蒐集情境及步驟、轉錄及分析方式。主要內容分為七章，包括：華語兒童語言樣本蒐集之目的、語言樣本蒐集方法、語言樣本轉錄、語言樣本分析、分析基礎範例、分析結果解釋、分析結果之應用，以及語言樣本分析的信度與效度等。

壹、語言樣本分析之需求

　　LSA 是指在各種不同情境下，誘發受試者的自發性口語，並將其話語以錄影和錄音之方式蒐集，再依循既定之轉錄規則將受試者之話語轉錄成逐字稿。轉錄完成後，依據各項語言發展指標之分析方式，有系統地分析受試者之語言能力。在國外，應用 LSA 進行兒童語言發展相關的研究已超過 50 年，大部分有關典型發展兒童的語言表達能力特性及發展的知識，皆來自於 LSA 的分析結果（Brown, 1973）。由於 LSA 使臨床專業人員能夠分析兒童在自然情境下使用語言的能力（Naremore et al., 2001; Paul & Norbury, 2012），此為使用標準化評量工具所無法得到之訊息，故語言樣本分析已廣泛被建議使用在臨床兒童的表達性語言能力評估。LSA 可評量兒童多方面之語言能力，包含音韻、語意、語法及語用等。LSA 對於評估兒童語言發展之變化具有高敏感度（Leadholm & Miller, 1992），也被視為無偏差的評量方式，可用於評估以非主流語言之方言或外語為母語的兒童（Craig & Washington, 2000），以及同時學習多種語言的兒童（Gutierrez-Clellen & Simon-Cereijido, 2007）。LSA 亦可用於分析特定某一語言能力（例如：某一語法句型的使用），提供有關兒童使用該語言能力之深度分析。此外，在評量兒童語言能力的優勢及弱

勢，以及為兒童選擇治療目標方面，都有相當的助益（Eisenberg et al., 2008）。

　　部分研究指出，標準化評量工具可能無法有效的鑑別典型發展兒童及語言異常兒童，但 LSA 可記錄兒童在自然情境下使用不同層面之語言情形，在臨床上也許能更有效的區分典型發展及語言異常兒童（Bedore & Leonard, 1998; Dollaghan & Campbell, 1998; Fletcher & Peters, 1984; Gavin, Klee, & Membrino, 1993; Heilmann, Miller, & Nockerts, 2010; Plante & Vance, 1994）。LSA 在臨床評估上扮演十分重要之角色，它能夠提供個案在自然情境下實際語言表現之訊息，也能夠提供細節資訊且相對完整地描述兒童之語言能力，同時可用於驗證標準化評量工具之結果。LSA 所提供之資訊可以幫助臨床及教育人員擬定語言治療計畫及設定治療目標，並作為監控與評估兒童治療成效的方法（Miller, 1981）。

、語言樣本分析之目的

　　有別於標準化評量工具，語言樣本分析可引導並誘發兒童之談話及敘述性語言，將其語言樣本錄音並進行轉錄。此方式可就兒童多方面的語言能力，進行完整且詳細之評估，其評估之語言能力包含：

- 音韻：分析兒童說話之清晰度，音韻及構音之錯誤類型。
- 語意：分析兒童習得詞彙之多寡，詞彙及語句意義使用之適當性。
- 語法：分析兒童語句之長度，語句規則使用之正確性。
- 語用：分析兒童談話技巧以及溝通技巧，分析兒童敘述故事之能力。

　　在音韻方面，可進行清晰度之分析（Leadholm & Miller, 1993），亦可根據各年齡層兒童其各語音之正確及錯誤進行分析（林寶貴等人，2007；張正芬、鐘玉梅，1986；鄭靜宜等人，2003）。另外，許多研究

也針對兒童之音韻歷程進行分析，根據兒童常出現之音韻歷程，包含：塞音化、雙唇塞音化、舌根音化、塞擦音化、不送氣化、送氣化、邊音化等，以及不常見之音韻歷程，包含：雙唇音化、唇齒化、去塞擦音化、去鼻音化、捲舌化、鼻音化、有聲化等進行分析（卓士傑，2008；陳凱玫，2010；鄭靜宜等人，2003）。

在語意部分，則有詞彙數（TNW）、相異詞彙數（NDW）（Leadholm & Miller, 1993）、詞彙多樣性（VOCD）（McKee, Malvern, & Richards, 2000）、實詞虛詞數量（Bloom, 1973）等。在研究方面，蔡宜芳（2009）以語言樣本分析方式評量典型發展兒童之詞彙能力，結果顯示：3歲兒童之詞彙多樣性發展指標（VOCD）為77.25，虛詞數量為9.23%；4歲兒童之詞彙多樣性發展指標（VOCD）為85.56，虛詞數量為9.59%。劉芫君（2011）蒐集3至5歲兒童語言樣本分析之語意表現，並追蹤其一年後之表現情形，結果發現：典型兒童及發展遲緩兒童之VOCD均依年齡增長而上升，其研究對兒童之詞類分析發展亦有探討。顏秀靜（2011）蒐集兒童之語言樣本後，針對學前兒童之量詞使用進行分析。佘永吉（2006）蒐集80位3至6歲兒童之語言樣本，針對兒童時間詞的使用進行分析，研究結果顯示：2歲至2歲半兒童可說出「今天」、「明天」、「去年」、「現在」、「剛才」、「從前」、「已經」，3歲至3歲半時可說出「明天」，4歲至4歲半時可說出「今年」，而「上午」、「中午」、「下午」則是到了5歲至5歲半時才出現。張仁俊（1985）則針對兒童的方位詞進行分析指出：3至5歲兒童習得的順序是「裡」（3歲開始至4歲半習得）、「上」（2歲開始至4歲半習得）、「下」和「前」（4歲開始至4歲半習得）、「外」（3歲開始至4歲半習得）、「中間」（4歲半開始到5歲習得），以及「左」和「右」（開始於4歲，但是到了6歲還沒有完全習得）。另外，也可針對兒童所使用的詞彙內容進行分類，以華語嬰幼兒為對象的研究為例：幼兒之詞彙以人物

或名字的詞彙占最多,例如:媽媽,爸爸,阿嬤;而在兒童的前50個詞彙中,出現最多的前三個類型為生活中所接觸的人之稱謂名字、表達動作,以及指稱動物等三類(錡寶香,2009)。

在語法方面,有平均語句長度(Mean length of utterance, MLU)(Brown, 1973)、發展性語句評分(Developmental sentence scoring, DSS)(Lee, 1974)、表達性語法指標(Index of productive syntax, IPSyn)(Scarborough, 1990)等。發展性語句評分(DSS)是一種用於分析語言樣本中兒童表達性語法能力之評量方式,其分析方式是在評量八項語法分類:不定代名詞、人稱代名詞、主要動詞、次要動詞、否定詞、連接詞、問句反裝(interrogative reversals),以及疑問詞等形式。每一分類有八個不同複雜度之發展等級,較簡易之等級分數較低,較複雜之等級分數較高。使用者可依其所制訂的給分標準為兒童語言樣本中之語句進行計分,每一個句子會有一個分數,最後將分數統整後,即可與其所發展之常模比對,以判斷兒童是否有需要介入之可能,亦可評估兒童進步之情形。表達性語法指標(IPSyn)的計分方式以60種語法結構作為評分項目,在兒童的50~100句之語言樣本中,判定是否有該60種語法結構之出現。若某語法結構(例如:動詞後加 ing 之進行式)出現一次,則該結構得1分,每一結構依其評分標準有1分至2分之可能,加總60種結構之得分最多可能得到120分。此指標亦有常模可對照,供使用者在評估兒童時參照。

在華語語法的研究方面,廖佳玲(2011)分析典型發展及語言發展遲緩兒童在語言樣本中之句型使用,針對單句、複句、特殊句型、複句中之聯合複句、複句中之偏正複句等進行探討分析。錡寶香(2002)依兒童詞彙結合方式進行分析,其結合類型在發展中出現頻率的順序為:「動作者+動作(媽媽抱)」、「動作者+物品(爸爸車車)」、「要+動作(要吃)」、「動作+物品(拿書,開門)」,以及「物品+沒

有（車車沒有）」。程小危（1988）研究兒童之否定句使用情形，在簡單句時期，兒童會以下列三種句型表示否定：「主詞＋不要／沒有＋動作（媽媽不要回家）」、「物品＋不要／沒有＋動作（這個沒有修好）」，以及「否定詞＋動詞＋受詞（不要吃藥藥）」。另有研究分析兒童之疑問句使用，兒童最先使用的疑問句類型為疑問語氣詞，例如：「呢」；在疑問詞「誰」、「什麼」、「哪裡」、「為什麼」中，兒童最常使用的疑問詞為「什麼」。兒童在 2 歲半時習得「什麼」、「哪裡」、「誰」等疑問詞，而選擇式問句則為較晚習得的問句形式（錡寶香，2009）。

在語用方面，有平均一次輪替之話語句數、一個話題之輪替次數、話題之維持及改變（Leadholm & Miller, 1993）、敘事評量計分表（Norebury & Bishop, 2003）、敘事計分架構（Narrative Scoring Scheme, NSS）（Heilman et al., 2009）等。敘事計分架構（NSS）是一用於評量兒童口語敘述能力之分析方式，是一具有信度及效度的兒童口語能力指標，主要是在分析兒童敘述故事之結構；其計分原則之分項包含許多故事文法中之元素，並加入其他類別，這些類別包含：介紹、角色發展、心理層面、指涉、衝突／問題解決、整合，以及結論。每一個類別依兒童之表現可計為 0～5 分，5 分代表專精，3 分代表萌發或不穩定，1 分代表不成熟，0 分代表表現差或許多錯誤，2 分及 4 分則介於中間；評分者可以兒童在各分項之表現進行計分，並可與常模進行比對。在非量化之語用分析方面，Bedrosian（1985）使用「言談技巧檢查表」（discourse skills checklist）進行兒童語用能力之評量，其評分項目包含：話題開啟、話題維持、眼神接觸、輪替、禮貌性，以及非口語行為。在敘事能力分析方面，錡寶香（2009）整理了十多篇臺灣區華語兒童的敘事能力發展，多數敘事資料的蒐集均以說故事或是重述故事為主，分析方式則有故事結構之巨結構分析，含背景、起始事件、內在反應、行動計畫、實際採取

行動（嘗試解決問題）、行動之結果，以及回應（reaction）。除此之外，部分研究會分析篇章文本／敘事連貫或聚合結（cohesive tie），以了解兒童說出來的故事內容之完整性、使用特定的詞彙（如連接詞、代名詞）以及連接句子和句子間的意義，或是故事情節與情節間的連貫性等。Schneider 與 Hayward（2010）研究 4～9 歲的 300 名典型發展兒童與 77 名語言遲緩兒童，請他們看六張圖片說故事之語言樣本分析，結果指出八個角色與六個指示代名詞所組成的 FM（first mentions）分數，可以做為鑑定語言遲緩兒童的有效指標。

至於兒童說話不流暢（speech disruption）的分析，對於研究兒童語言發展遲緩之議題極為重要。根據 Guo、Tomblin 與 Samelson（2008）的研究指出，說話不流暢是指兒童的自然言談中會出現停頓（silent pause）和遲疑（vocal hesitation）兩大現象。停頓是指在說話時，會出現一段停止未發出聲音的時間，至於遲疑指的是兒童在說話時會有：（1）填充語（filler vocalization），例如：「嗯」、「ㄟ」、「喔」等；（2）插入語（interjection），例如：「好吧」、「你說呢」、「我……」等；（3）重複（repetitions），例如：「我想吃，可是可是……」、「我放…放…放風箏」；（4）修正（revision），例如：「我要玩挖土土，我要玩挖土機」。

Boscolo、Bernstein Ratner 與 Rescorla（2002）以及 Rispoli（2003）的研究認為，兒童在形成語句時，常有訊息處理困難的現象，而導致上述各種情形的出現。其推測是語言發展遲緩兒童需要有較多時間來思考如何表達自己的想法，因此會出現上述四種說話不流暢的情形。藉由自然情境語言樣本的蒐集與分析，或許可以提供語言治療師等相關專業人員質化且量化之客觀訊息，以深入分析兒童語言溝通之問題。Scott 與 Windsor（2000）指出，藉由語言樣本分析之質性研究，可以區分出典型發展兒童與語言學習障礙之學齡兒童，特別是語法句型使用的錯誤，例

如：第三人稱動詞加「s」、被動語句時態、代名詞誤用、過去式錯用、複雜句、假設語氣錯用等。

Paul（2012）指出，藉由兒童自然情境之語言樣本分析，可以深入了解兒童說話時，在音韻、語意及語法方面之錯誤類型，可以有效的協助語言治療師或特教老師在教學上訂定有意義的目標。Heilmann、Miller 等人（2010）分析 244 個 3～13 歲兒童在談話情境的語言樣本，探討各項語言發展指標是否能夠用於鑑定語言異常兒童，其結果支持語言樣本分析在測量構詞、句法、詞彙方面的發展指標，均可用於鑑定語言異常兒童。所以兒童進行語言樣本分析可達到以下三個目的：

1. 鑑定語言障礙及語言發展遲緩兒童。
2. 提供詳細及完整之兒童語言能力資訊，以作為治療計畫之依據。
3. 評量並監控語言介入之治療成效。

除此之外，語言樣本分析亦可提供兒童語言相關研究人員一套可靠之蒐集模式，且可跨時間持續分析兒童語言發展或療育後之變化。

 參、語言樣本分析與語言障礙／語言發展遲緩

語言障礙分為表達性語言障礙及理解性語言障礙兩大類，在音韻、語意、語法、語用各方面之語言元素可能出現表達或理解之異常時，若未能出現典型發展兒童語言發展中所具有之語言行為模式，可能終其一生無法習得一般成人之語言技能（Aram, Ekelman, & Nation, 1984）。語言發展遲緩之兒童可能在最初發展語言技能的起始點較晚，習得語言之速度較緩慢，無法和其同儕有相等之語言能力，但仍與典型發展兒童有相同之語言發展模式（Layton, Crais, & Watson, 2000; Paul & Norbury, 2012）。

一、鑑定語言障礙／語言發展遲緩

　　語言樣本分析之評估方式，係根據兒童表達性語言之口語語言樣本進行錄製、轉錄與分析，因此語言樣本分析僅可判斷表達性語言障礙及語言發展遲緩。欲判定語言障礙及語言發展遲緩，需根據語言樣本分析之結果，探討兒童之語言表現是否有異於典型發展兒童之語言行為模式出現，並比較其語言表現有無明顯落後之現象。

　　在鑑定語言障礙及語言發展遲緩時，標準化評量工具可能會有一些限制，例如：有些兒童可以完成標準化評量工具中的語言測試，卻無法在社會性的溝通情境中表達自己；或者有些兒童實際上在日常生活中可使用語言表達，但卻無法配合完成標準化評量工具中的測試，導致評估結果低估兒童之語言能力。標準化評量工具提供標準分數，卻無法從此分數中看出兒童在不同情境中使用語言之表現。語言樣本分析可評估兒童在真實溝通情境中如何整合其語言能力並實際運用，其目的並不在於取代標準化評量工具，但卻是評估兒童語言能力流程中不可或缺的一項評估方式，因為語言樣本分析提供了兒童在日常溝通情境中，量化與質化的詳細語言使用情形。

二、擬定治療計畫

　　語言樣本分析詳細描述了兒童的語言能力表現，比起標準化評量工具所提供之標準分數，臨床人員更需要知道兒童語言使用表現的細節，以擬定治療計畫及選擇治療目標。另外，語言樣本分析提供兒童在日常溝通情境中之功能性語言能力的評估資訊，因此在擬定治療計畫時，更能規劃出配合兒童溝通情境之治療策略，使兒童之語言介入貼近其日常所需，提升兒童類化語言目標行為之能力。

三、監控語言治療成效

語言樣本分析可有效監控兒童在日常溝通情境中之語言表現，評估兒童是否可以在溝通情境中正確使用治療目標之語言行為，以確定治療介入是否對兒童產生成效。由於語言樣本分析提供詳細的量化及質化資訊，藉此方式可精確地觀察兒童語言能力變化之情形。

、語言樣本分析信效度議題討論

以標準化評量工具來說，其評估結果要能夠被認為是可靠的結果，信度是非常重要的一項指標（Finestack, Payesteh, Disher, & Julien, 2014）；同樣的，LSA 在相關指標的分析結果是否可靠，也是需要考量的重點。而在語言樣本的轉錄、編碼、斷句與斷詞，都需要有高信度，其分析結果才足以呈現兒童之語言能力。Heilmann、Miller等人（2010）指出，為了要與典型發展兒童之能力做比較，施測者必須確定誘發之語言樣本是可以與其他樣本做比較的。為達到此目的，蒐集、轉錄、編碼及分析語言樣本之流程，皆需要使用一致的方式。因此，不論是在臨床應用或是研究上，根據已制定之流程及守則來進行語言樣本分析，確保其高信度，是非常重要的。

完整的 LSA 程序包含蒐集、轉錄及分析三個部分，此三部分的程序設計與實際執行時是否嚴謹地遵循相關步驟，是影響 LSA 是否具有信度與效度的關鍵。LSA的第一步就是取得具代表性的兒童語言樣本（representative sample），適當的語言樣本可以成為兒童語言產出能力的最佳描述。可能影響樣本代表性的因素，包括：情境、題材、互動形式、樣本大小等。以下分別針對具代表性兒童語言樣本的蒐集方式、語言樣本大小，以及語言樣本的轉錄等三部分加以探討。

一、具代表性兒童語言樣本蒐集方式

關於具代表性兒童語言樣本的取得方式，必須考量蒐集語言樣本的語境、題材、互動形式，以及提供適當引導或提示來誘發出兒童的語言。在蒐集語言樣本的語境方面，包括情境布置、題材和互動形式等因素，通常採用交談對話（conversation, CV）、自由遊戲（freeplay, FP）、說故事／敘事（story generation, SG）等方式。其中，交談對話由 Crystal、Fletcher 與 Garman（1976, 1989）提出，由一些個案的生活經驗以及與當時狀況無關的對話所構成。用來誘發對話的方法包括：（1）研究者詢問兒童關於各式各樣主題的問題，例如：家人、學校活動、電視節目等；（2）研究者要求兒童敘說某些事情，例如：告訴我到戶外喜歡玩的東西；（3）讓兒童描述動作的圖片或無聲的影片；（4）兒童向研究者解釋如何玩某個遊戲；（5）兒童描述一張圖片，讓研究者猜是哪一張圖片。Crystal 等人（1976）指出，自由遊戲是不錯的語言誘發方式，語言樣本通常在研究者與兒童互動期間，以及兒童在玩適合其年齡的玩具時被誘發出來。此外，自由遊戲（FP）的樣本也可取自玩玩偶的過程中，研究者和兒童的互動、或照顧者和兒童在家中互動（引自 Southwood & Russell, 2004）。

Evans 與 Craig（1992）曾以 10 位有特定型語言障礙（specific language impairment，SLI）的學齡兒童（平均年齡 8 歲 5 個月）為研究對象，比較自由遊戲（FP）和訪談之語境所誘發的語言樣本。在自由遊戲語境中，準備符合兒童年齡和興趣的玩具，兒童可以自由選擇手臂及腿部可以移動的玩偶，例如：動物木偶、農場玩具、救護車等，由兒童決定遊戲活動的形式。互動的成人則跟隨著兒童進行遊戲，語言樣本收錄的時間為 15 分鐘。另外一個是訪談情境，可詢問兒童有關家庭、學校、下課期間的活動。為了要與自由遊戲的情境相似，話題一旦開啟後，交

談內容就由兒童來主導，且與兒童互動的成人必須和自由遊戲相同，語言樣本收錄的時間同樣是 15 分鐘。研究結果顯示，訪談語境可誘發兒童較多和較長的語句，且高階的語法和語意特徵之得分也高於自由遊戲語境的誘發結果；但兩個語境樣本中的相異詞比率和發展性語句得分則無顯著差異。在交談特性方面，兒童在訪談語境中的回應明顯高於自由遊戲語境中的表現，在溝通意圖中，除了自由遊戲語境的「要求」次數明顯較高外，兩個語境在其他的溝通意圖項目並無顯著差異。至於輪替部分，基本上兩個語境的輪替情況都很好，且自由遊戲語境優於訪談語境。此研究顯示，訪談是一種具有效度、信度、效率高、容易獲得的自發性語言樣本語境，它可以在短時間內誘發出治療師和研究者感興趣的關鍵性行為。研究者也建議，對學齡兒童使用訪談，可以誘發出更多語句和更高階的語言結構。

Southwood 與 Russell（2004）以 10 位發展正常且說南非荷蘭語（Afrikaans-speaking）的 5 歲男孩為研究對象，比較三種語言樣本的誘發方式：交談對話（CV）、自由遊戲（FP）、說故事（SG）／敘事（narration）。在分別以這三種語言樣本誘發方式後，取得三段各 15 分鐘長的語言樣本。研究結果顯示：（1）自由遊戲誘發出的「語句數目」顯著多於說故事的誘發方式，但與交談對話的誘發方式相比，則無顯著差異。這結果和上述 Evans 與 Craig（1992）的研究發現不同——他們發現交談對話可誘發的「語句數目」多於自由遊戲的方式；Southwood 與 Russell 認為，此差異主要是因為研究個案的年齡和族群不同，在 Evans 與 Craig 研究中的個案年齡較大，且有語言障礙；（2）自由遊戲誘發的「複雜語法結構比例」，顯著少於交談對話和說故事這兩種方式；（3）說故事誘發的「平均語句長度」（mean length of utterance，簡稱 MLU）顯著大於交談對話和自由遊戲這兩種方式；（4）在語法結構的變化性和語法錯誤的數目方面，三種方式之間並沒有顯著差異；（5）此三種方式的每個樣

本都能提供足夠的語句數目（100 個以上的清晰語句）；（6）此三種方式在語言樣本誘發的效能方面，各有其不同的範圍限制。根據上述結果，研究者建議治療師可選用最適合個案性格和溝通類型的語言誘發方式，而其中的自由遊戲能夠誘發較多的語言樣本。

　　此外，Hewitt、Hammer、Yont 與 Tomblin（2005）針對 27 位發展正常、母語為英語的學前兒童（平均年齡為 5.99 歲、16 位男生與 11 位女生），以及 27 位有特定型語言障礙（SLI）的學前兒童（平均年齡為 6.01 歲、16 位男生與 11 位女生），進行語言樣本分析的研究。語言樣本的蒐集採用兩個情境：第一個是讓兒童讀有關於生日聚會的故事，然後請兒童重述故事內容，並說出有關自己的生日和生日聚會的經驗；第二個則是讓兒童讀有關於農場的故事，然後請兒童重述故事內容，並說出他們的農場、動物和寵物經驗；在這個部分，多數兒童談論了他們自己的寵物。交談內容是採取開放式（open-ended）的問答，類似於訪談本位（interview-based）的語言樣本誘發方式和語境，而這類方式普遍使用在一般學齡兒童上。評量的項目包括：以詞素為單位之平均語句長度（mean length of utterance in morpheme, MLU-m）、表達性語法指標（the index of productive syntax, IPSyn），以及 50 個語句之相異字根數（number of different word roots in 50 utterances, NDW-50）。研究結果顯示，SLI 兒童的三個語言評估項目之平均得分，明顯低於同年齡發展的正常兒童，其中以 MLU-m 和 NDW-50 的差異最為顯著，同時證實語言樣本分析可用來診斷兒童的語言障礙。研究者也提到，控制交談語境可能因限制兒童語句的產出而導致 MLU-m 的減縮，也可能因而限制詞彙的多樣性，故有必要進一步研究如何增加語言樣本的信度，以及如何選取最適合測量的語句。由於不同情境下所誘發出之語言樣本會有所差異，因此以固定之情境蒐集語言樣本十分重要。研究建議，蒐集情境應包含談話及敘述情境：在談話情境方面，應包含有關學校及家庭相關事件的談話，給予兒

童機會談論去情境化（非即時、即刻）的過去或未來事件；在敘述情境方面，研究則建議讓兒童重述喜歡的故事內容或電視節目情節（Heilmann, Miller et al., 2010）。

在蒐集語言樣本期間，為促進兒童產生語言，研究者們通常需要提供兒童適當的引導。Watkins、Kelly、Harbers 與 Hollis（1995）以 75 位學前兒童為對象，進行詞彙多樣性的研究。此研究在兒童玩玩具的過程中進行語言樣本蒐集，參與互動的成人則採用以下三種方式來促進兒童產生語言，包括：（1）依照兒童的興趣，一起和兒童進行遊戲活動；（2）限制成人的話語，讓兒童有機會可以說話；（3）回應兒童的意見和問題。

Owen 與 Leonard（2002）以 144 位年齡在 2 歲 2 個月～7 歲 3 個月的兒童為對象，進行詞彙變異性的研究，其中 53 位有特定型語言障礙（SLI），另外的 91 位則是典型發展兒童。語言樣本的蒐集是透過兒童與成人共同玩玩具，而玩具是符合兒童年齡且其感興趣的。在互動過程中，兒童與成人討論玩具，成人並設法引導兒童開啟話題和參與對話。

Sawyer 與 Yairi（2006）以 20 位（14 男、6 女）年齡在 33～58 個月（平均 43.9 個月）的學前口吃兒童為對象，語言樣本的蒐集方式是讓兒童玩黏土。雖然是自由遊戲，但為了增加一致性，研究者藉由引導兒童回應一些開放性問題，例如：談論正在做的黏土、最喜歡的黏土或電視節目。另外，在誘發語言樣本的提示題材方面，Miles、Chapman 與 Sindberg（2006）將 14 位唐氏症和 14 位典型發展兒童配對，分別在「沒有提供圖片」和「有提供圖片」之情況下，取得敘事和訪談的語言樣本，以檢視轉錄信度、清晰度、流暢度、文法錯誤、交談取樣語境、交談特性、計算方式等因素對 MLU 的影響。研究結果顯示，有提供圖片提示的敘事語境，僅對於唐氏症 MLU 的增加有顯著效果，對於典型發展兒童則無影響。此結果顯示，圖片提示有助於誘發唐氏症兒童產出更多的語言，

而圖片提示對典型發展兒童的語言產出並無影響。

　　綜合以上有關語言樣本誘發方式的探討，可以得知自由遊戲和訪談語境是較常被用來蒐集具代表性的兒童語言樣本之方式。其中，自由遊戲較能夠呈現兒童平時的語言表現，對兒童語言的限制也最少，但必須考量其耗費時間和傾向誘發出較短的平均語句長度（MLU）等缺點。而訪談語境具有效率高、可誘發出較高階的語言結構等優點，但也必須考量其可能限制兒童詞彙的多樣性，以及無法呈現兒童平時語言表現的問題。因此，在多個情境中取得語言樣本是較為理想的方式。此外，在蒐集語言樣本時，提供適合兒童且可引起兒童興趣的各種不同題材，並盡可能用愈多的題材來促使兒童產生互動（尤其是有語言障礙的兒童），對話內容由兒童來主導，採取開放式（open-ended）的問答，是較能夠取得具代表性的兒童語言樣本之方式。

二、語言樣本大小

　　關於語言樣本大小的問題，Gavin 與 Giles（1996）曾針對 20 位年齡在 31～46 個月的典型發展兒童（15 位男生、5 位女生），進行語言樣本大小的時間信度（temporal reliability）之研究。語言樣本分兩次取得，兩次間隔 3～14 天，且在一天的相同時段進行（例如：兩次都是早上 10 點～10 點 20 分），每次收錄的時間為 20 分鐘。至於語言樣本的分析則包括兩個部分：（1）固定語言樣本的收錄時間（12 分鐘和 20 分鐘）；（2）固定語言樣本的語句數（分別選取 25、50、75、100、125、150、175 個完整且清晰的語句）。所使用的評量項目，包括：以詞素為單位之平均語句長度（MLU-m）、相異字詞數（NDW）、總字詞數（TNW），以及平均語法長度（mean syntactic length, MSL）。研究結果顯示，在固定收錄時間的語言樣本中，總字詞數（TNW）呈現偏低的信度，因此只考慮固定收錄時間的取樣方法受到質疑；而在 175 個語句樣本中，MLU-m、NDW、MSL 則呈現相當高的時間信度係數（temporal reliability coefficients）（$r > .92$）。此外，在兩個固定收錄時間（12 分鐘和 20 分鐘）的語言樣本中，只有 MLU-m 和 MSL 兩項指標的時間信度係數γ = .71，而 NDW 的信度不足。當樣本的語句數超過 100 個時，MLU-m、MSL、NDW 這三項評量指標的時間信度係數都可達 .71 以上；選取的語句數愈多，時間信度係數就愈高。根據此結果，研究者建議，當選取的樣本語句數超過 100 個時，MLU-m、MSL、NDW 這三項評量指標的時間信度都達可接受水準，且選取的語句數愈多，信度就愈高。

Sawyer 與 Yairi（2006）亦針對語言樣本大小對於學前口吃兒童之言語不流暢數量的影響進行研究，其所蒐集樣本的長度至少有 1,200 個音節。研究結果顯示，當樣本長度愈長，所得的樣本愈具代表性。此外，一般在分析語言樣本時，治療師與研究者通常傾向將最初及最後的 25 個音節去掉，但研究者根據本研究結果提出建議，認為應截除最初的樣本，而非截除長樣本的後段，因為很多重要訊息和欲評估的目標行為，會在長樣本的後半段出現。

研究者對於語言樣本大小之建議有所分歧，部分研究建議使用較長的語言樣本（Gavin & Giles, 1996），研究指出，小於 100 個字的語言樣本其信度不佳，建議至少要包含 350 個字的語言樣本，才會有適當的信度（Hess, Sefton, & Landry, 1986）。吳啟誠（2002）以 15 位在臺南市醫院接受口語治療的兒童（其中有 6 位女生、9 位男生，年齡在 4 歲 8 個月～7 歲 6 個月）為對象，研究語障兒童口語能力指標之信度。研究者對於每位受試者，以訪談方式在兩週之內蒐集 150 句的口語樣本。針對五項語障兒童口語能力指標：平均語句詞數、平均語句字數、總詞數、總字數、相異字數，進行信度的研究，分析這些指標在語句數量為 50 句、80 句、100 句、120 句、150 句時，是否具有良好的折半和重測信度。結果發現，隨著語句數量增加，折半和重測信度均愈佳。Gavin 與 Giles

（1996）建議，長度至少要有 20 分鐘，包含至少 100 個語句數的語言樣本，會有較好的信度。Heilmann、Nockerts 與 Miller（2010）同樣指出，100 個語句的語言樣本足以顯示出兒童在不同年齡時語言能力上的改變，以及兒童本身語言能力的特性。另一部分研究認為，較短的語言樣本同樣可以提供信度佳之資料（Heilmann et al., 2008; Tilstra & McMaster, 2007）。Heilmann 等人（2008）認為，大約平均四分鐘的敘述故事樣本，就可以分析出可信的以英語為第二語言兒童之語言能力。Tilstra 與 McMaster（2007）則使用一至兩分鐘故事重述的語言樣本，結果發現詞彙能力的發展指標信度佳，但是 MLU 卻顯示沒有較佳的信度。Heilmann、Nockerts 等人（2010）指出，短的語言樣本不適合用在分析文法詞素或是錯誤型態之使用上，其研究結果同樣指出 MLU 在短的語言樣本中的信度較低。雖然有些研究指出，20 至 30 句之語言樣本有足夠的信度測量句子長度及詞彙量（Casby, 2011），但大部分的文獻仍建議至少要有 50 至 100 句的語言樣本，才有足夠信度（Miller, Andriacchi, & Nockerts, 2011; Paul & Norbury, 2012）。

　　綜合以上的探討說明，採用固定語言樣本語句數的方式，可獲得較理想的信度；且樣本的語句數量至少要 100 個，評量指標的信度才能夠都達到可接受水準；為了評估語言缺陷，應蒐集足夠長度的語言樣本，樣本的語句數量愈多，信度就愈高。然而，研究必須考量實際可行、實用性、效率、語境等因素，因此在至少兩種不同情語境下取得 100 個語句，是一般常用的樣本大小。而在分析語言樣本時，截除最初的樣本、保留樣本的後段部分，可能較能夠獲得語言樣本中的重要訊息。

三、語言樣本轉錄

　　轉錄（transcription）是以書面形式記錄兒童的口語表達，是語言樣本分析的基礎。一個優質的轉錄必須包含詳細的語言和非語言的記錄

（Ingram, Bunta, & Ingram, 2004; Miller, 1981），轉錄者必須對兒童口語做出適當的判斷，並且儘量避免任何的修正，同時記錄有助於解釋兒童溝通意圖和語句的語境線索，以真實呈現兒童口語的聲音型態、字詞、語意、語用等各種要素。轉錄內容愈精確詳細，愈有利於後續各種語言層面的分析，也愈能夠確認兒童的口語發展障礙。

在轉錄過程中，字詞辨識和語句斷句是影響轉錄品質的重要因素，也是進行其他分析的基本步驟。字詞辨識會受到兒童口語清晰度的影響，轉錄者往往需要藉由語境的上下文脈絡來判斷兒童表達的字詞，而出現在兒童語句前後的語句、兒童說話時所出現的物體和發生的事件，對於兒童語句的解釋有相當重大的影響，因此轉錄時對於語境的描述，必須包括交談中共同參與者的語句及非口語情境。至於語句斷句部分，通常是利用語調和停頓來界定，語句是指兒童明顯以一口氣說出沒有停頓的一段話語，若停頓時間超過 2 秒以上，則為明顯切割語句的指標（Evans & Craig, 1992）。

除此之外，轉錄必須要有一致性的格式和標示符號，以便治療師和研究者都可讀取內容，並對兒童的口語表達產生共識。因此，轉錄的可讀性、精確性、一致性、詳盡程度，都是影響語言樣本分析結果的關鍵。為確保語言樣本轉錄的一致性，研究者都必須要有明確的轉錄方式與原則，大部分會採用標準化轉錄格式，以獲得較高的轉錄信度。Systematic Analysis of Language Transcripts（SALT）及 Child Language Data Exchange System（CHILDES）中的 Codes for the Human Analysis of Transcripts（CHAT）為國外研究廣為使用的兩大轉錄系統。Gavin 與 Giles（1996）在語言樣本大小的時間信度（temporal reliability）研究中，是由四位研究生負責語言樣本轉錄，並採用 SALT 的語言樣本轉錄格式（Leadholm & Miller, 1992）。

Owen 與 Leonard（2002）進行特定型語言障礙兒童的詞彙多樣性之

研究時，語言樣本的轉錄也是採用 SALT 系統（Miller & Chapman, 2000），並隨機選取 15 位兒童，計算轉錄的評分者間信度。但是使用 CHILDES 系統的研究亦不勝枚舉，例如：比較特定性語言障礙（SLI）及語言發展遲緩的學齡前兒童音韻能力之研究（Aguilar-Mediavilla, Sanz-Torrent, & Serra-Raventós, 2002）、Price 等人（2008）探討染色體碎裂及唐氏症族群之語法複雜度等，亦是使用 CHILDES 進行轉錄及分析。

　　本手冊使用 CHILDES 進行轉錄及分析而非 SALT，基於以下四個理由：（1）SALT 在英語系統使用方便，但是在華語的使用有許多困難，例如：斷句、斷詞、詞類等定義；相較之下，CHILDES 在華語的使用較為便利；（2）SALT 為付費軟體，CHILDES 之軟體則可於網站上免費下載，較為方便；（3）CHILDES 之功能較為齊全，雖然在本手冊所示範之語言樣本分析上，不需要使用 CHILDES 中較複雜之功能，但在未來研究發展上，使用 CHILDES 會較有進一步廣度及深度分析之可能；（4）CHILDES 提供說明語言治療師使用 CLAN 分析方式之英文指導手冊（Ratner & Brundage, 2015），詳細依步驟說明 CLAN 在語言治療臨床的應用方式，亦可供研究使用；另有中文之 CLAN 臨床研究應用概要（林楓，2015），依步驟說明以 CLAN 進行分析之方式。以上兩者均可於 CHILDES 網站上免費下載文件（A Clinician's Complete Guide to CLAN and PRAAT 之網站連結：http://childes.psy.cmu.edu/clan/Clin-CLAN.pdf，CLAN 臨床研究應用概要之網站連結：http://childes.psy.cmu.edu/clan/Clin-CLAN-zho.pdf）。使用者在學習如何使用軟體上較為簡易及便利。

四、華語斷詞

　　在 CLSA 中，如何斷詞將會是影響各發展指標之分析結果很重要的因素。與英語不同，華語的基本語意單位是詞，因此在語言樣本分析時，當語言發展指標之分析單位為詞時，像是以詞為單位計算 MLU，或是以

詞為單位計算相異詞彙數時，斷詞的判斷方式便對這些指標之分析結果有很大的影響。因此，如何斷詞對於 CLSA 之信度有極大影響。

張顯達（1998）在計算以詞為單位之 MLU 時，使用湯廷池（2002）所提出之詞的界定方法：（1）停頓法：能夠單獨說出，而且前後可以有「真正而持續的」停頓，或前後可以插入表示停頓的語助詞，那就是詞；（2）語音法：藉由詞組內的連調變化與詞語詞間的連調變化之不同，來做區分；（3）替代法：以語素的孳生力強弱決定，如果受檢驗的兩個成分都有很強的孳生力，便是兩個詞；（4）如果語素 X 與語素 Y 之間能插入語素 Z，X 與 Y 都是詞；（5）移動法：句法中能移動的是詞。張顯達指出，這些原則仍有不足的地方，華語斷詞上仍有許多不確定性。因此，使用人工斷詞容易出現許多不一致性，使語言樣本分析結果之信度降低。本手冊使用中央研究院所發展之中文斷詞系統進行初步斷詞，輔以人工修正之建議指引，以提高信度。

中文斷詞系統為一線上自動斷詞系統，可提供自動抽取新詞，建立領域用詞、線上即時分詞，以及附加詞類標記等功能。此系統包含一個約十萬個詞的詞彙庫及附加詞類、詞頻、詞類頻率、雙連詞類頻率等資料。雖然中文斷詞系統之結果仍會有些許錯誤需要改正，但已大幅改善人工斷詞之不一致性及耗時之問題。

在使用中文斷詞系統進行斷詞之後，需針對其結果之少數錯誤部分進行人工修正。人工修正分為兩部分：一為修正斷詞；一為修正詞性。為提升人工修正部分之信度，本手冊介紹如何使用張顯達、張鑑如、柯華葳、蔡素娟（2011）於「台灣兒童語言語料庫之建置」中所提出之分詞標準，進行人工斷詞及詞性修正。台灣兒童語言語料庫為行政院國家科學委員會台灣兒童語言語料庫建置計畫之成果，使用者可利用此語料庫，以特定詞彙進行搜尋，查詢語料庫中該詞彙出現之頻率。其建立之分詞標準是以國家標準 CNS「中文分詞處理原則」為依據，再參考國內

外相關研究，並根據兒童語言發展特性進行修訂而成。國家標準（CNS）「CNS 14366 中文分詞處理原則」可針對文句，將具有獨立意義的詞切分出來，以便資訊科技處理使用（許其清，2009）。讀者可依據此分詞標準，再依語言樣本蒐集時兒童說話之語境及其語意，進行人工修正。本手冊提供中文斷詞系統之使用方式，以及根據中文斷詞系統之結果進行人工修正的要點，以提高 CLSA 各指標分析結果之信度。

伍、結論

　　LSA 為評估兒童表達性語言能力之方式，係使用引導及誘發兒童談話及敘述語言，再將語言樣本轉錄並分析之方式，可用於評估兒童之音韻、語意、語法及語用之能力，根據評估結果可判定兒童之語言發展是否有異常或遲緩之現象。LSA 所提供之深度分析資料，可供專業人員為兒童擬定治療計畫之參考。定期使用語言樣本分析評估兒童之語言能力，可監控治療成效，觀察兒童各項語言能力是否因治療而提升。

　　LSA 本身的信度十分重要。為能將 LSA 之分析結果與典型發展兒童之發展做比較，施測者應根據指導守則所建立之流程進行蒐集、轉錄及分析語言樣本。在蒐集上，需取得具代表性之語言樣本，因此必須注意蒐集之情境及誘導互動方式。研究建議應採用交談對話、自由遊戲、敘述故事等方式蒐集語言樣本。語言樣本之大小亦是一影響信度之重要因素，研究建議固定語言樣本之語句數，並至少在兩個不同情境下取得 100 個語句。在轉錄方面，字詞之辨識及斷詞斷句之方式會影響 LSA 之信度，施測者應根據明確之轉錄方式與原則，並使用標準化之轉錄格式。

　　本手冊建立具高信度及效度之 CLSA 制式程序，提供制定之流程、指導守則、注意事項及範例，分別介紹蒐集、轉錄及分析各部分之進行方式，並說明如何解釋及應用分析結果，最後附有 CLSA 之信度與效度建

立之研究。施測者可根據本手冊，進行兒童之語言樣本分析，提高其分析結果之信度。

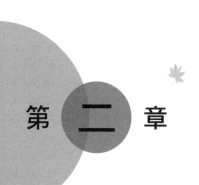

第 二 章

語言樣本蒐集

語言樣本蒐集為語言樣本分析中第一個關鍵的步驟，其目的在於獲得具代表性之兒童自發性語言樣本，具代表性表示此樣本極具高信度及效度。使用者依照本手冊說明方式進行語言樣本蒐集，可獲得具高信度及效度之兒童語言樣本。本章將介紹語言樣本蒐集方式，包括：蒐集對象、步驟、環境、時間、器材、情境題材及引導方式等，讓使用者了解語言樣本蒐集過程，並可根據本手冊一步一步為兒童進行語言樣本蒐集。

壹、語言樣本分析使用者資格

語言樣本分析應由曾受過心理及語言測驗專業訓練的人員來蒐集語料與分析。語言樣本分析雖然不是常模參照之語言評量工具，但初學使用者仍宜學習建議之蒐集情境與誘發題材，提示用語亦依照手冊所示。不過，研究者可依據自行訂定的研究目的蒐集具有信度的語言樣本，接著手冊提供的轉錄及分析方式完成語言樣本分析，例如：研究者使用重述繪本故事蒐集介入前後的自然敘述樣本，並轉錄分析語言發展指標等，仍可使用 CLSA 提供之方法進行轉錄與分析。

使用者應接受過正式之施測訓練，包含：

1. 對於兒童的語言發展知識有基本的了解。

2. 對於 LSA 的蒐集語料、轉錄與分析及資料解釋有基本能力。

3. 使用者必須詳細閱讀指導手冊，並實際練習施測方式與計分方法。

4. 正式使用前，整個執行程序至少練習過三遍。

5. 使用者與兒童的溝通必須自然，並創造愉快且符合建議情境，再進行語料蒐集。

、語言樣本蒐集適用對象

本手冊適用於以字為單位之平均語句長度（MLU-c）大於或等於 5 以上之兒童，受試者需具備基本的聽覺理解能力與口語表達能力。但若有聽覺障礙、腦性麻痺、智能障礙、文化不利、雙語等問題時，主試者應該依據兒童有利之施測方式修改指導語進行施測，且應於紀錄紙說明兒童的身心障礙情形。

、語言樣本蒐集方式

一、建立兒童基本資料

收錄者在收錄前必須將【CLSA 收錄表】及【CLSA 基礎分析結果彙整表】上的兒童基本資料填寫完整，填寫方法如下：

1. 填寫兒童姓名、性別、就讀學校。

2. 填寫實足年齡。

3. 填寫家庭狀況，包括：

   - 家中排行。

   - 先勾選主要照顧者的身分（父、母、其他），再勾選主要照顧者的教育程度，項目分為：高中職以下（包含未受教育、國小、國中）、專科畢業、大學畢業、碩士、博士。

   - 主要經濟來源者的職業名稱。

   - 兒童家中所使用的主要語言，語言項目分為：國語、國語+台語、國語+客語、客語、台語、國語+外語、其他。

   - 雙親國籍，國籍項目分為：均為本國籍、其中一方為本國籍、其他。

   - 是否持有殘障手冊，如果兒童持有障礙手冊，再填寫兒童的障礙類別與障礙程度。

   - 填寫主要聯絡人的聯絡方式，包括家中電話或手機號碼。

   - 若有其他特殊事項（例如：特殊醫療狀況、接受特殊治療或訓練、特殊家庭狀況等），則記錄在此欄中。

兒童的個人資料填寫範例如下。

【個案基本資料表】

姓名	章○○	性別	□男 ☑女	就讀學校	☑幼兒園 □早療或特教機構 □無		
收錄日期		民國○○年		○○月		○○日	
出生日期		民國○○年		○○月		○○日	
實足年齡		3 歲			4 月		

家庭狀況	◎家中排行：☑老大　□中間　□最小
	◎主要照顧者教育程度：□父　☑母　□其他＿＿＿＿＿
	□高中職以下　☑專科畢業　□大學畢業　□碩士　□博士
	◎主要經濟來源者的職業：＿電腦工程師＿
	◎主要使用語言：□國 ☑國+台 □國+客 □客 □台 □國+外語 □其他
	◎雙親國籍：☑均為本國籍　□其中一方為本國籍　□其他
	◎領有殘障手冊：
	□無 ☑有（障礙程度：☑輕 □中 □重　類別＿＿發展遲緩＿＿）
	◎主要聯絡人：＿母＿　聯絡電話（H）02-23123456（手機）0912345678

其他特殊事項	1.生產史：為早產兒（＿＿＿＿天）
	2.醫學診斷：＿＿＿＿＿＿＿＿＿＿＿
	3.曾接受早療服務
	（機構：＿＿＿＿＿　服務項目：＿＿＿＿＿　起迄時間：＿＿＿＿＿）
	4.有外傭協助照顧

二、語言樣本蒐集方式與步驟

（一）收錄樣本前的準備

1. 器材

- 攝影機：樣本的記錄方式原則上以錄影為主，因為自錄影帶轉錄的內容，被視為信度最佳的方式，且對於非口語情境的改變，可以做詳細的描述。
- 錄音設備：如果無法使用攝影機（例如：兒童對攝影機有抗拒或畏懼、家長不同意錄影等），則以錄音方式替代，但必須記錄兒童的活動情形，以提供轉錄時的非口語情境。
- 收錄樣本前，請先確認攝影機或錄音是否能夠正常運作、電量是否充足。此外，準備計時器以記錄收錄時間。

2. 環境與位置

　　應於燈光良好、安靜之環境，避免視覺、聽覺等令兒童分心的環境干擾，而影響受試者的表現；座位安排應有利於施測材料之呈現及受試者反應之同步記錄。在蒐集過程中，教室裡應該只有主試者與受試者兩人，年幼幼兒或情況特殊兒童（如怕生或情緒困擾者）可由家長或老師陪同，唯陪同者須保持安靜，並盡可能避開受試者的視線。主試者與受試者應同坐於一平面桌子，桌椅高低必須符合受試者的體型，以舒適為佳。

（二）填寫【CLSA 收錄表】

　　【CLSA 收錄表】如下所示，主試者應確實填寫。

【CLSA 收錄表】

收錄者：_____　　　　　　　　　個案編號：_____

個案姓名			性別	□男　□女	生日	民國　年　月　日
收錄情境	□情境一　　□情境二　　□情境三　　□情境四					
錄影／錄音檔名						
收錄地點			互動形式	□交談　□自由遊戲　□敘事		
收錄日期	民國　年　月　日		收錄時間	時　分～　時　分／共　分		
誘發題材		兒童總語句數			有效語句數	
參與人員	□兒童（C）　　□收錄者（E）_____（姓名）　□媽媽（M） □爸爸（D）　□老　師（T）　□其他（代號）_____					
紀錄方式	□攝影機　□錄音筆　□其他錄音設備　□其他_____					
＊需要引導協助	□很少（幾乎不需要引導）　□有時（2～5次） □經常（6～9次）　□總是					
＊兒童焦慮情形						
＊其他特殊情況						

註：有加「＊」的三欄、施測結束時間與總共時間、錄影／錄音檔名，可於收錄樣本完成後再填寫。

（三）收錄樣本前的互動

1. 在正式收錄之前，先和兒童互動幾分鐘，以降低兒童害怕、不自在或抗拒的反應，並與兒童建立共同注意力（joint attention）。

2. 在正式收錄之前，先要求兒童說出自己的名字（引導：「告訴老師你叫什麼名字？」），然後立刻播放給兒童聽，以確認錄影／錄音功能能夠正常運作，並有助於降低兒童不自在的情況。

（四）進行語言樣本收錄

請依照各情境之交談內容、引導方式、互動原則進行樣本收錄。

三、蒐集語言樣本情境

為確保蒐集到足夠具代表性的樣本及收錄樣本的效率，設定以交談對話為主要的互動形式，但由於考量兒童之能力，因此四個情境的設計特別以兒童之個別生活經驗為主，同時提供實物或照片以協助兒童思考並說出。所設定之四個收錄語境說明如下。

	情境	互動者	誘發題材	交談內容
一	交談對話（學校生活）	語言治療師、老師	教室中的玩具、物品擺設（與兒童較有關的學校用品、活動照片）。	在學校的生活作息？喜歡的課程、玩具、物品？做過哪些活動？喜歡的活動？常一起玩的同學，都在一起玩什麼？
二	《小紅帽》故事重述	語言治療師、老師	先與兒童進行繪本共讀，看完繪本之後再請兒童一邊看繪本圖片，一邊重述故事。	說出繪本的內容，以及與繪本中的圖片有關之事物。
三	自由遊戲	語言治療師、老師、父母、年紀稍長的兒童	兒童喜歡的玩具、遊樂場。	談論兒童喜歡的玩具（為什麼喜歡、誰給的、什麼時候玩）；請兒童解釋如何組裝某個玩具或玩某個遊戲？請兒童說說平常都和誰玩、怎麼玩？
四	交談對話（居家生活）	語言治療師、父母、主要照顧者、兄姐	與兒童較有關的家中擺設、物品（用電腦播放）、家人照片。	請兒童說說在家中的活動（例如：看電視、生活作息）；描述有哪些家人、和家人常一起做的活動。說說家中喜歡的物品、家中特別的事物（例如：養特別的寵物、家裡有特別的活動）。

註：1. 可選擇兒童熟悉的且口語互動最多的環境。
　　2. 在《小紅帽》故事重述之情境中，建議所使用之書本以及影片的連結如下：
　　　 書本：http://www.books.com.tw/products/0010653901
　　　 影片：https://www.youtube.com/watch? v=P9UCATv56X0
　　　 若上述連結因故無法使用，讀者可自行尋找合適的書籍及影片，建議選擇能夠清楚描述故事內容的圖片繪本，影片則建議選擇5～15分鐘左右，可清楚表達故事內容的短片。
　　3. 建議蒐集四個情境，但若依不同研究或臨床目的，而不需要蒐集建議之四個情境中的語言樣本，亦可依照本手冊所建議之轉錄及分析方式進行，專業人員可依其目的調整蒐集語言樣本之情境。

四、蒐集語言樣本所需時間

語言樣本分析之語言樣本蒐集沒有時間限制，原則上每個情境的時間為 20～30 分鐘；若兒童情況特殊，施測者可做適度的調整。但時間不可過短，必須注意要確保收錄到足夠的語句數（約 30～40 句）；此外，也不宜過長，以不超過 50 分鐘為限，以免兒童不耐煩或疲倦而影響收錄結果，導致語言樣本可能不具代表性的問題。如果收錄過程中出現嚴重干擾問題（例如：噪音過大）或兒童情緒明顯不穩定，以致於中斷收錄，原則上仍保留此段內容，並將情況記錄在「其他特殊情況」欄內。

如果是要在同一天內完成四個情境的取樣，則每個情境之間至少要間隔 10 分鐘以上，讓兒童能夠有適當的休息和轉換情境。若無法在同一天內完成四個情境的取樣，宜在兩週之內完成四個情境的取樣。一般而言，收錄者的經驗、受試者的年齡、個性、語言技巧等，都有可能影響收錄的時間，導致蒐集時間加長或縮短。

五、引導方式建議

引導對話應該儘可能採用開放式的對話，即多提示兒童表達自己的想法，例如：「你最想吃什麼？」，而不用「你最喜歡吃薯條，是嗎？」或「你常和爸爸到公園去玩嗎？」等「是」、「否」的回答。

　　當兒童回答「是」、「否」、「嗯」、單一人稱（例如：爸爸、媽媽、小明）、以點頭或搖頭表示時，請再繼續引導兒童說出更多且更長的語句。下列有幾個建議使用引導語的實例。

編號	語境	建議引導語
1	當兒童回答喜歡吃的食物是：「漢堡」。	1.你為什麼喜歡吃呢？ 2.漢堡裡面有什麼啊？ 3.你什麼時候吃漢堡呢？ 4.你喜歡吃哪幾種漢堡呢？
2	當兒童回答喜歡一起玩的同學是：「小明」。	1.那他怎樣和你玩？ 2.你們都在一起玩什麼？ 3.想想看還有沒有其他喜歡一起玩的同學？
3	當兒童回答喜歡看的卡通是：「○○」。	1.你為什麼喜歡看呢？ 2.卡通裡面演什麼啊？想想看還有沒有其他的？ 3.你喜歡卡通裡面哪些人？想想看還有沒有其他的？
4	當兒童回答喜歡玩：「積木」或「汽車」或「某個遊戲」。	1.你為什麼喜歡玩呢？ 2.告訴我怎麼玩？ 3.有哪些人和你一起玩？ 4.想想看還有沒有其他喜歡玩的？
5	當兒童回答照片中的地方是：「○○」。	1.那裡有什麼東西呀？ 2.你去那裡做什麼？ 3.有誰和你一起去那裡？ 4.什麼時候去的？

當兒童沒有反應或回應很少時，請給予更多的引導協助，並在
【CLSA收錄表】的「需要引導協助」欄內，記錄兒童需要引導的情況。
以下為每個語境和交談內所建議使用的引導語。

情境	交談內容	建議引導語
一	在學校的生活作息	1.你怎麼來學校的？你是怎麼上學的？ 2.你到學校的第一件事情是做什麼？然後呢？再來呢？ 3.你的點心吃什麼？喜歡吃什麼點心？為什麼喜歡吃？裡面有什麼？吃起來怎樣？ 4.你中午在哪裡睡午覺？午覺後做什麼？然後呢？再來呢？ 5.放學前要做什麼？為什麼？ 6.放學後怎麼樣回家？
	喜歡的課程、玩具、物品、老師	1.在學校喜歡上什麼課？為什麼？ 2.在學校有什麼喜歡的玩具？為什麼？ 3.你喜歡學校的什麼地方或東西？為什麼？ 4.你喜歡哪些老師？為什麼？
	在上課中做哪些事情、做過哪些活動、喜歡的活動	1.上課時做什麼活動？怎麼做？ 2.老師有帶你去哪裡玩嗎？有什麼好玩？還有誰也一起去？ 3.上課時喜歡做什麼活動？為什麼？
	常一起玩的同學、在學校的朋友、都在一起玩什麼	1.在學校喜歡和誰一起玩？為什麼？ 2.那他怎樣和你玩？你們都在一起玩什麼？ 3.想想看還有沒有其他喜歡一起玩的同學？
二	故事重述	1.剛才我們看完小紅帽的故事，你說說看小紅帽的故事給老師聽好嗎？ 2.這樣喔！然後呢？接下來呢？還有沒有呢？結果呢？（此為兒童重述故事過程中的引導語） 3.這張圖片裡有什麼？小紅帽在做什麼呢？為什麼？ 4.這張圖片裡有什麼？大野狼在做什麼呢？為什麼？

情境	交談內容	建議引導語
三	談論兒童喜歡的玩具（為什麼喜歡、誰給的、什麼時候會玩）	1.在學校喜歡玩什麼呢？你為什麼喜歡玩呢？什麼時候會玩？ 2.告訴我怎麼玩？ 3.有哪些人和你一起玩？ 4.想想看還有沒有其他喜歡玩的？
	請兒童解釋如何組裝某個玩具或玩某個遊戲	1.這玩具（或遊戲）怎麼玩呢？ 2.有哪些人和你一起玩？ 3.什麼時候會玩？
	和兒童一起玩	1.這玩具是這樣玩嗎？怎麼不會動了？（故意玩錯或假裝不會玩，讓兒童糾正） 2.這玩具為什麼要這樣用呢？
四	請兒童說說在家中的活動	1.你在家都做什麼呢？喜歡做什麼呢？ 2.你回到家的第一件事情是做什麼？然後呢？再來呢？ 3.你睡覺前做什麼？然後呢？再來呢？ 4.誰和你一起吃飯、睡覺、洗澡、玩？
	請兒童說說在家中喜歡看的卡通	1.你為什麼喜歡看呢？ 2.卡通裡面演什麼啊？想想看還有沒有其他的？ 3.你喜歡卡通裡面哪些人？想想看還有沒有其他的？ 4.都和誰一起看呢？
	請兒童描述有哪些家人、和家人常一起做的活動	1.你家有幾個人呢？他們是誰呀？ 2.你和○○（某位家人）都一起做什麼？ 3.○○（某位家人）有帶你去哪裡玩嗎？那裡有什麼好玩的東西呢？
	請兒童說說家中喜歡的物品	1.指著電腦中的家具或擺設圖片，問兒童：「這是什麼？」「你家裡也有嗎？」「你家裡的是長什麼樣子？」 2.你喜歡○○（家中的物品或擺設）嗎？為什麼？

情境	交談內容	建議引導語
四	請兒童說說家中特別的事物（例如：養特別的寵物、家裡有特別的活動等）	1. 你家裡有養小狗嗎？長什麼樣子？你喜歡牠們嗎？為什麼？你和牠們都一起玩什麼？ 2. 你生日時，爸爸媽媽有沒有幫你準備蛋糕和禮物？是什麼禮物？喜歡嗎？為什麼？還有沒有什麼好玩的事情？你希望下次生日爸爸媽媽送你什麼禮物？
	請兒童描述和家人一起的生活照	1. 這是在哪裡拍的照片？ 2. 那裡有什麼東西？ 3. 你去那裡做什麼？ 4. 有誰和你一起去那裡？照片裡有誰呢？ 5. 什麼時候去的？

六、互動原則與技巧

（一）先建立互動與共同注意力（joint attention）

例如：模仿兒童正在做的事情或利用增強物引發兒童的注意力。

（二）用「平行遊戲」和「平行對話」開始

1. 對於在單詞程度的幼兒，模仿他的口語聲音、使用動物叫聲或車輛的聲音。
2. 對於發展年齡在 2 歲以上的兒童，當你運用角色扮演對話時，告訴兒童你正在做的事情。

（三）進入互動交談

1. 對於幼兒，使用一些日常生活慣例的問題，以及誘發手指遊戲。

2. 對於較年長的兒童，邀請孩子加入你的遊戲，持續角色扮演的對話，直到建立遊戲規則為止。鼓勵兒童參與遊戲的計畫，包括玩具人物／動物將要做什麼。

（四）繼續兒童的話題

如果孩子正在角色扮演，則繼續扮演你的角色；如果孩子更換角色，則跟隨孩子的引導。回應兒童的問題、認同兒童的意見、誘發更多與話題有關的訊息。

（五）嘗試限定使用問題的次數，約每一個問題維持四個說話輪替

完全不提出問題是不自然的，但是太多的問題可能會減少兒童語句的長度。「告訴我關於這個」這句話可能也會使得對話中斷，並導致兒童說出描述性的字串（strings）。因此儘量避免使用這樣的語句，而是繼續以兒童的程度和兒童對話。

（六）用二選一的問法給予兒童選擇

儘管發展年齡在 3 歲以下的兒童可能無法理解二選一的問題形式，但仍然可以藉由指著每個選擇物提供語境支持，讓兒童在完全理解問題形式之前做出選擇。使用二選一的問法，害羞或不合作的兒童就沒有機會說「不」，而是可以感覺到在你二選一的控制中。

（七）使用比兒童稍微長一點點的語句

一般而言，引導者說話的語句長度宜以兒童現有的 MLU ＋ 2 為佳，例如：兒童的平均語句長度為 5 個字，引導者的語句長度約在 7 個字左右。

（八）學習對於交談中的暫停感到舒服自在

通常約需要 3～5 秒來等待兒童的回應，如果你為了要填滿暫停時間而太快輪替，那麼將會剝奪兒童輪替的機會。此外，兒童可能會期待你來填滿暫停時間，因而覺得沒有必要讓對話繼續下去。如果暫停時間太長（超過 8 秒），則繼續「平行遊戲」和「平行對話」，直到兒童再度進入互動交談為止。（註：等待期間可採用「默數 001、002、003、……」的方式計時）

（九）使用各種不同的題材來讓兒童保持較高的動機

讓兒童保持較高的動機，但不要突然地變換活動。給予兒童變換活動的選擇，並且跟隨兒童的興趣。題材的各式各樣組合要包括角色扮演的玩具（例如：汽車、卡車、人物、農場設備、廚房設備等），以及操作性的題材（例如：黏土、顏料、紙、筆、麥克筆、製作點心的材料等）。

（十）別害怕愚蠢和好笑的動作和對話

許多害羞的孩子是藉由幼稚無聊的問題或表達幼稚的意見，而進入交談互動。先讓兒童感到有趣，兒童就會喜歡和你互動。

以上建議能幫助施測者蒐集兒童具代表性之語料，避免兒童出現與平常表現不符合之情形。上述第一至第四點之建議，供施測者使用，以建立與兒童之互動交談，第五至第十點則是整個互動過程遵循的一般準則。

第 三 章

語言樣本轉錄

語言樣本轉錄是將兒童所說的話語轉換成文字形式，以真實呈現兒童所表達之語言為原則，並依據語言樣本分析之規定，使用代碼標記兒童之語言，以利後續分析。語言樣本轉錄之目的在使兒童之語言表現可以較容易讀取，且能夠做進一步之語言樣本分析。以下介紹華語「語句」斷句規則、CLSA 轉錄表格、CHAT 語言樣本格式，以及 CHAT 轉錄方式。

壹、華語「語句」斷句

一、「語句」定義

語句（utterance）是指，兒童在發展過程中，很自然地說出的一小段話，可能是簡單名詞短語、形容詞短語、動詞短語、簡單應答、發語詞、簡單句、使用關聯詞連接的句子，或祈使句。因此，一個語句（utterance）不完全等同於一個句子（sentence）。語句之類別舉例說明如下：

1. 貓咪，狗狗，娃娃……等簡單名詞短語。
2. 瘦瘦的猴子，高高的巨人……等加上形容詞短語。

3. 拿來吃，走過去，去洗手，跑來跑去……等動詞短語。

4. 對話中的社交性簡單應答或是發語詞，例如：「好吧」、「是」、「不是」、「要」、「不要」、「嗨」、「謝謝」、「到」、「知道嗎？」。

5. 簡單句，例如：爸爸上班去，娃娃來玩……等。

6. 使用關聯詞連接的句子，例如：「我想去，但是媽媽不想去。」、「我先吃飯，然後去打球。」、「因為下雨，我只好在家玩玩具。」

7. 祈使句也可當做一個語句，例如：快點、走吧、大一點、不准哭……等。

二、「語句」斷句規則

語句之斷句是指，兒童明顯以一口氣說出沒有停頓的一段話語，常用終止語氣（terminal intonation）來表示停頓，若停頓時間超過 2 秒以上，則為明顯切割語句的指標（Evans & Craig, 1992）。斷句規則說明如下。

1. 兒童常用「然後」、「還有」等關聯詞串句時，應把每個語句分割，各成為一個獨立語句。範例如下。

原始轉錄語句	語句斷句	有效語句數
我起床然後玩車車、然後刷牙、然後然後喝牛奶、然後然後然後。	我起床然後玩車車。 然後刷牙。 此處的「然後」是有意義的 然後喝牛奶。 （註：然後然後然後，屬不完整語句，為無效語句，不予採用。）	3
我喜歡玩機器人、然後車車、然後狗狗、然後然後球球。	我喜歡玩機器人。 車車。 此處的「然後」是兒童語言發展過程中之串句（running on sentence）現象，不具有意義，故不予以採計，以免拉長 MLU 之平均值。 狗狗。 球球。	4
我吃冰淇淋還有蛋糕、還有蘋果、還有還有巧克力、還有奶茶、還有還有還有餅乾。	我吃冰淇淋還有蛋糕。 還有蘋果。 還有巧克力。 此處出現三次重複的「還有」，但在計算語句長度時只計一次。 還有奶茶。 還有餅乾。	5

2. 言談中的停頓、語氣改變、深呼吸的現象時，均可獨立分割成一個語句，例如：吃（停頓 2 秒，語氣下降）……巧克力，則分成兩個語句：「吃」、「巧克力」。但是「吃（想一下，未超過 2 秒）巧克力」，則計成一個語句：「吃巧克力」。

3. 如果確定兒童有嗓音或呼吸等問題，以致於說 2～3 個字就必須停頓換氣（超過 2 秒），才能夠把一個完整語句說完，則給予兒童較多時間說完。

4. 語氣獨立而完整的呈現、語義表達話題的結束，以及停頓之後的語氣，均是一個新語句形成的開始。

5. 語境及非語言的提示也可做為分割語句的指標。範例如下。

範例一

情境一	非語言線索	兒童話語
	與媽媽未有眼神接觸	要
	轉頭看媽媽	媽媽
斷句判斷	此情況視為兩個語句：「要」、「媽媽」。	
情境二	語境	兒童話語
	眼神注視媽媽	要媽媽
斷句判斷	此情況視為一個語句：「要媽媽」。	

範例二

情境一	非語言線索	兒童話語
	「糖糖」和「你拿」中間停頓超過兩秒	糖糖
		你拿
斷句判斷	此情況視為兩個語句：「糖糖」、「你拿」。	
情境二	語境	兒童話語
	「糖糖」和「你拿」中間沒有停頓	糖糖
		你拿
斷句判斷	此情況視為一個語句：「糖糖你拿」。	

6. 一個語句中含的重複字，例如：「我把汽球吹得吹得……好大。」其中，「吹得」重複兩次，但是字數只計算一次。

三、無效語句定義

由於兒童語言發展過程中，會有語音清晰度不佳、仿說、與主題不合之自我對話、自我修正、重複或添加等現象。為避免影響平均語句長度之計算，有上述現象均需定義為無效語句，說明如下：

1. 分析者應清楚聽懂每個語句的內容，若其中有任何一字無法聽懂，則整個語句數不計。

2. 去除兒童直接模仿成人的話語或模仿車子、動物的聲音，例如：成人：猴子愛爬樹，兒童：猴子愛爬樹。如此重複成人的話語，則不予計算。（因為主要是在分析自發性語言樣本）

3. 在語料蒐集過程中，若兒童有被打擾或是突如其來的狀況發生與主題不相關的話語，應略過不予以採計。

4. 兒童在對話中背詩、唱歌、順口溜、數數字……等，均不予以採計。

5. 省略性答覆：兒童以省略的方式答覆問句，例如：「是」、「否」、「嗯」、單一的人稱（如「爸爸」、「媽媽」、「小明」）、以點頭或搖頭表示……時，讓人覺得兒童應該有能力用較完整的形式作答，則此語句不計算。

6. 不完整的語句：外界事件可能打斷兒童的發言，或是引起其注意力、讓其中斷發言。〔※例外情況：如果確定兒童有嗓音或呼吸等問題，以致於說 2～3 個字就必須停頓換氣，才能夠把一個完整語句說完，則給予兒童較多時間說完，且可將數個不完整語句串聯起來視為一個有效句，例如：「我家有（停頓換氣）很多玩具（停頓換氣）和卡通（停頓換氣）。」〕

7. 自行糾正前的片段：兒童自行修正的片段不納入計算。

8. 噪音造成音韻無法清晰聽辨之包含噪音的片段，不納入計算。

9. 語境言談中的標記：語句中不含語義的中斷性音韻或插入語，不納入計算。有些兒童常有語句停頓的現象，如猶豫、修正、重複相同話語、使用「嗯、ㄚ、ㄟ」……等，應計做一次停頓；停頓次數常和兒童的口語述說能力相關，亦即停頓次數愈多，顯示口語能力愈差。

10. 如果語句重複期間並沒有其他活動發生或其他說話者的語句，則視為重複，不予以採計。

四、樣本大小與有效語句選擇

理論上，樣本的語句數量愈多愈好，然而必須考量實際可行、實用性、效率等因素；在各種不同情境下取得的 100 個語句，是一般常用的樣本大小（其產生的誤差在可接受的範圍）（Miller, 1981）。基於此論點，本手冊設定從四個語境中選擇 100 個有效語句，而每個情境至少選出 20 個以上連續、完整、清晰的兒童自發性有效語句，若為無效語句則跳過不計，繼續選取下一句連續有效語句，其選取原則如下：

1. 省略前 10 個兒童的語句。
2. 省略剛開始的前 2～3 分鐘之語料。
3. 不宜挑選最佳 100 個語句。
4. 如果所收錄的兒童語言樣本之情況許可，則盡可能平均地從四個語境中選取連續之有效語句，即每個語境約 20～30 個連續之有效語句。
5. 如果收錄的兒童語句數有限，依照上述原則省略之後的總句數不足 100 句時，則必須盡可能採用兒童的有效語句，以符合 100 個語句的要求。
6. 承第 5 點，如果總句數仍不足 100 句，則需要再安排時間另外蒐集兒童的語言樣本，以補足 100 個語句的要求。

貳、語句轉錄 CLSA 格式

一、語句轉錄格式

1. 轉錄所有兒童和對兒童說的語句，請以【CLSA 轉錄表】進行轉錄，格式如下。轉錄前請填寫轉錄者及個案編號，並以代號來定義語境中的個人。

【CLSA 轉錄表】

轉錄者：　黃小玲　　　　　　　　　　　　　　　　個案編號：　0405　

編號	成人／其他說者的語句	語境（非口語的訊息）	編號	兒童語句

2. 伴隨語句同時發生的行為或事件，則和該語句放在同一行。

3. 某個行為或事件之前或之後出現的語句，則將語句轉錄在之前或之後一行。對語境有不能肯定的情況時，則將兒童的語句分兩行轉錄。

4. 建檔時以個案編號為檔名。

二、【CLSA 轉錄表】代碼使用規則

1. 使用_____表示突然中斷（兒童自己打斷或其他說話者突然打斷），而留下未完成的語句，例如：我要吃_____。

2. 使用「×××」表示語句中不清晰的部分，盡可能用語音（注音）轉錄，並加上解釋（寫在括號內）。

3. 使用「（s/c）」表示兒童自我修正。

4. 在有關語境訊息的欄位中使用「‧‧‧」，表示長時間的暫停（兩位說者之間或同一位說者的語句之間），只有在語境仍然相同的情況下，才使用這個規則。

5. 使用「( )」表示兒童重複語句的部分，分析時不採計兒童重複的部分，例如：「（我的 我的）我的」。

6. 轉錄之語句若為無效語句，在語句後面以「(---)」之符號表示，例如：「我要吃____ (---)；我喜歡××× (---)」。

三、語句轉錄注意事項

1. 轉錄前請核對【CLSA 收錄表】及【CLSA 轉錄表】之個案編號和收錄樣本的檔名是否相符。

2. 由於出現在兒童語句前後的語句、兒童說話時所出現的物體和發生的事件，對於兒童語句的解釋有相當重大的影響，因此語境的描述必須包括交談中共同參與者的語句和非口語情境。必須注意的是，一個優質的轉錄必須包含詳細的語言和非語言的紀錄。

3. 請注意：在轉錄代名詞時，由於兒童在口語表達時，並沒有區分不同的「他」，為避免影響兒童真實之詞彙多樣性表現，統一將代名詞（如他、她、它等）以「他」進行轉錄。

4. 考慮兒童之口語語言能力，不會區分「的」、「得」、「地」，因此「ㄉㄜ・」的語音轉錄，一律轉錄成「的」，不使用「得」或是「地」。

5. 初學華語兒童語言樣本分析的學習者，需使用【CLSA 轉錄表】來練習語音與情境的轉錄、華語斷句原則，以及無效語句之判定；同時，【CLSA 轉錄表】之內容也可用來做基礎的語言樣本分析。而在熟悉【CLSA轉錄表】之後，若需進階研究與分析者，便可使用 CHILDES 中之 CHAT 系統進行轉錄，以下在電腦軟體分析介紹中，進一步說明 CHAT 之轉錄規則並摘要常用的 CHAT 轉錄符號，以方便需要的讀者做進一步的編碼與分析。

四、語句轉錄範例

以下為一轉錄兒童語言樣本之範例。研究者宜針對自己的研究目的加以修改。

【CLSA 收錄表】

收錄者：　陳小美　　　　　　　　　　個案編號：　0405

個案姓名	林丁丁	性別	☑男　□女	生日	民國○○年10月10日
收錄情境					

個案姓名	林丁丁	性別	☑男　□女	生日	民國○○年10月10日
收錄情境	□情境一　☑情境二　□情境三　□情境四				
錄影／錄音檔名	語言樣本 0405-2				
收錄地點	超商（含去超商&回家的路上）	互動形式	☑交談　□自由遊戲　□敘事		
收錄日期	民國○○年1月26日	收錄時間	15時30分～16時00分／共30分		
誘發題材	超商的玩具	兒童總語句數	48	有效語句數	42
參與人員	☑兒童（C）　☑收錄者（E）　陳小美（姓名）　☑媽媽（M） □爸爸（D）　□老　師（T） ☑其他（代號）　兒童的姑姑(A)、兒童的奶奶(G)				
紀錄方式	□攝影機　☑錄音筆　□錄音帶　□其他____				
＊需要引導協助	☑很少（幾乎不需要引導）　□有時（2～5次） □經常（6～9次）　□總是				
＊兒童焦慮情形	無				
＊其他特殊情況	無				

華語兒童語言樣本分析：使用手冊

【CLSA 轉錄表】

轉錄者：__黃小玲__ 個案編號：__0405__

編號	成人／其他說者的語句	語境（非口語的訊息）	編號	兒童語句
		C 很高興的牽著 A、E 往超商走。		
		C 指著路旁的小坑洞。	1	姑姑你看！
A1	那是什麼？			
		幾天前 C 的爸爸曾帶他	2	那裡有個洞。
		路過，並告訴他這段話。	3	走路要看有沒有洞。
A2	那會怎樣呢？			
			4	不然腳會掉到洞裡面。
E1	這樣喔！那要怎麼辦？			
			5	腳要砍掉才能出來。
E2	這樣喔！你怎麼知道？			
			6	爸爸說呀！
		A、E、C 到超商門口。		
		進入超商，C 馬上拉著 A 跑到汽車玩具區，因為 C 非常喜愛各種車子。	7	姑姑你看！
E3	那是什麼？	E 指著玩具問 C。		
		C 指著玩具。	8	這個有車車、人、房子，都有。
E4	那這個呢？	E 指著玩具跑車。		

046

編號	成人／其他說者的語句	語境（非口語的訊息）	編號	兒童語句
				這個電池(s/c)。(---)：自我修正
				這個電池×××（ㄨㄤ）進去×××　×（ㄅㄚˋ　ㄨㄟˋ　ㄠˇ）。(---)：不清晰
E5	你說這個電池怎樣？	C 指著跑車裝電池處。		
			9	這個電池裝進去它才會跑。
E6	喔！這樣喔！你家裡有沒有這個？			
		C 搖頭。	10	沒有。
		C 接著拿起挖土機。		
E7	你想玩挖土機？			
			11	我家裡沒有。
E8	沒有喔！	C 邊拿挖土機邊抓著 A。		
A3	你想要買嗎？			
		C 點頭。		嗯！(---)：省略性答覆
A4	可是不是今天，姑姑再去找。			
				喔！(---)：省略性答覆
		C 又拿起房子模型。	12	啊！房子。
E9	這是誰的房子？			

編號	成人／其他說者的語句	語境（非口語的訊息）	編號	兒童語句
		兩句間隔超過 2 秒。	13	牠的。
			14	熊熊的。
		C 又拿起垃圾車。		
E10	這是什麼車？			
			15	這個垃圾車。
E11	那這是它的什麼？	E 指著垃圾車的開口。		
			16	開口。
E12	為什麼有開口呀？			
			17	它後面有開口。
			18	這個是載土的。
E13	它要裝電池嗎？			
			19	要啊！
E14	你怎麼知道要裝電池？			
			20	它就不會動啊！
		C 又拿起垃圾車旁邊的汽車玩具，且 C 要 E 跟著看車。	21	直升機、消防車、警察車、火車。
E15	你喜歡這些車車？		22	喜歡呀！
E16	你想要買嗎？			
		C 點頭。		嗯！(---)：省略性答覆
		C 拉 A 的手。	23	姑姑你買給我好不好？
A5	為什麼我要買給你？			
			24	因為我沒有啊！
A6	你原本要來買什麼的？			
			25	車車。

編號	成人／其他說者的語句	語境（非口語的訊息）	編號	兒童語句
A7	買車車，還是養樂多？			
			26	車車跟養樂多都要。
A8	只能買一種，我們趕快去拿養樂多。	C 一邊跟著 A 和 E 到飲料區，一邊還看著玩具，指著積木。		
			27	這個是放積木的。
A9	對呀！我們趕快去拿養樂多。			
			28	你下次要找給我。
A10	你要喝什麼？	C 和 A、E 走到飲料區。		
			29	草莓的。
E17	草莓的什麼？			
			30	草莓的養樂多。
A11	小瓶的養樂多好不好？			
			31	大瓶的。
A12	小瓶可以買 5 瓶，大瓶只能買 1 瓶。			
			32	我要大瓶的。
A13	你確定？			
		C 拿著大瓶的養樂多。	33	大瓶的啦！
A14	我們買一瓶給阿媽。			
		C 拿著給阿媽的飲料。	34	這是給阿媽的。
			35	我拿著啊！
E18	我們在這裡喝好嗎？			

編號	成人／其他說者的語句	語境（非口語的訊息）	編號	兒童語句
		C 拿著飲料走出超商。	36	不要在這裡喝。
		A、E、C 走出超商回家，在家樓下的小公園玩，因為閃躲大哥哥的球而跌倒，C 大哭，回家敷藥。		
G1	為什麼跌倒？	一邊幫 C 擦藥。		
		C 一邊哭著。	37	我躲哥哥的球。（停 2 秒）
			38	就跌倒了。
M1	消毒好不好？	M 準備幫 C 消毒。		
			39	不要，會痛。
M2	消毒很快就會好了。			
				不要，會痛。(---)：重複
M3	一下子就好，姑姑和老師會在旁邊吹吹。			
			40	一下子就好喔！
			41	好痛喔！
		消毒後，C 嚎啕大哭。		
			42	不要用了。

參、電腦分析軟體 CHILDES 介紹

　　國際兒童口語語料庫 CHILDES（Child Language Data Exchange System）（MacWhinney, 2014）由三部分組成：（1）兒童英語口語語料庫

（Database）；（2）文本賦碼系統（Codes for the Human Analysis of Transcripts, CHAT）；（3）語料分析程式（CLAN）。其中，CHAT的全稱是「人工轉錄分析賦碼系統」，它是一套複雜但又十分靈活的多級賦碼方案，專為電腦錄寫自然話語而設計。該系統提供了一整套以電腦記錄人類交際會話的標準形式，這些交際話語涵蓋了日常會話的所有種類。賦碼內容包括基本的話語文本類型、詳盡的發音資訊，以及話語的句法分析資訊。本手冊已取得 CHILDES 發展者 Brian MacWhinney 博士授權使用，使用者可以直接連結官網（http://childes.psy.cmu.edu）下載。CHILDES 語料庫中的全部文稿為 CHAT 格式，運用 CLAN 程式可以對 CHAT 文本進行自動分析。CLAN 之介紹將在下一章中說明，本章先說明 CHAT 之使用方法。

一、CHAT 轉錄

（一）檔案的基本資料（file headers）

基本資料提供重要的背景訊息和脈絡訊息，所有的標題都必須由「＠」符號開頭，使用幾個標題並無限制，但其中有六個標題是必要的，說明如下：

1. 「@UTF-8」：華語檔案的第一行必須是@UTF-8。
2. 「@Begin」：檔案的開頭第一行必須是@Begin。
3. 「@Languages: zh」：表示所使用的語言，zh 代表中文（zhong wen）。
4. 「@Participants: 」：表示參與者，各個角色的代號通常會以其前三個字母大寫來表示，如 CHI（child）、MOT（mother）、EXP（experimenter）。

例如：@Participants: CHI 珊寶妹 Child, EXP experimenter

（@參與者: CHI 珊寶妹 兒童，EXP 實驗者）

本手冊一律採用以下的 Participants 表示格式：

@Participants: CHI（個案代碼）Child, EXP experimenter

例如：@Participants: CHI T3102 Child, EXP experimenter

5. 「@ID:」：表示個案身分，通常表示內容為：

@ID: language|corpus|code|age|sex|group|SES|role|education|custom|

（@ID: 語言|語料庫|代碼|年齡|性別|組別|社經地位|角色|教育程度|自訂|）

如果有某幾項資料是不需要列出的，則以「|」表示，本次研究的轉錄一律採用以下的 ID 表示格式（以年齡為 3 歲 3 個月，代碼為 T3102 的女童為例）：

@ID:zh|97|CHI|3;3|female| T3102||Target_Child|||

6. 「@End」：表示結束，檔案最後一行必須以一個@End標題作為結束。

（二）主段

主段記錄所說的話，每個主段都是以符號「*」（注意！是英文半形）做開頭，緊跟著一個說話者的代碼（例如：CHI 兒童、EXP 實驗者），接著加上「:」（注意！是英文半形），最後緊接的是按一個「Tab 鍵」，然後再寫出話語的內容。每個字詞之間必須有空格（注意！是中文半形），但因需要中研院中文斷詞系統協助斷詞，所以初步轉錄暫時先不必有空格。標點符號需用英文字體，不可用中文字體，例如：句號應該使用「.」，而非中文的「。」。此外，檔案的基本資料與主段之間必須空一行。例如：

```
@UTF-8
@Begin
@Languages: zh
@Participants: CHI T3102 Child, EXP experimenter
@ID:  zh|97|CHI|3;3|female| T3102||Target_Child|||

*EXP:  你 在 慶生會 吃 了 什麼?
*CHI:  我 吃 冰淇淋 還有 蛋糕.
@End
```

（三）副段

　　副段呈現與互動有關的描述性資料，所有的副段都以「%」（注意！是英文半形）起頭，並以三個小寫英文字母表示，接著加上「:」（注意！是英文半形），最後緊接的是按一個「Tab 鍵」，然後再寫出內容。如果沒有特別說明「時間」，則表示該動作是與說話同時發生的。一些常用的副段說明如下：

1. 「%act:」：表示動作。

　　例如：*CHI: 我 要 那個.

　　　　　%act: CHI 跑向媽媽那邊

　　　　　（註：兒童在說「我要那個」這句話時，同時跑向媽媽那邊。）

2. 「%com:」：表示編碼者（即轉錄者）對於話語的註解。

　　例如：*CHI: 那 是 毛毛蟲.

　　　　　%com: CHI 在說「毛毛蟲」時，發音很清楚

　　　　　（註：這是指轉錄者的註解。）

3. 「%exp:」：表示對於下個段落或語境，做簡短的解釋。

例如：*MOT: www.

%exp: 媽媽和別人在電話中說話

（註：www 是指這部分不必轉錄。）

二、CHAT 轉錄規則

（一）轉錄語句

1. 每一個主段必須只含一個語句，同一說話者之多個語句必須分行。

2. 每一個語句後面要有一個結束符號。基本的結束符號說明如下：

    (1)句號「.」：依照「語句斷句規則」所界定出的語句，必須在其句末加上句號「.」，注意需用英文半形，不可用中文半形。

    例如：*CHI: 我 想要 唸 這個.

    (2)問號「?」：在問句之句末必須加上問號「?」（注意！是英文半形）

    例如：*CHI: 是 這 本 書 嗎?

    (3)驚嘆號「!」（注意！是英文半形）

    例如：*CHI: 好 可怕 喔!

    (4)未完成「+…」（注意！是英文半形）：表示語句減弱，語句先空一格後再加此符號。

    例如：*CHI: 他 跑進 一個 +…

    (5)被打斷「+/.」（注意！是英文半形）：表示說話者被另一個說話者打斷。語句先空一格後再加此符號。

    例如：*EXP: 你 想要 +/.

    　　　*CHI: 這 是 什麼?

3. 語句可以「銜接上一語句」做為開始，以進一步指出某些語言的

訊息。基本的符號使用說明如下：

(1)快速回答「+^」（注意！是英文半形）：表示幾乎與上一個語句重疊。

　　例如：*EXP: 你 為什麼 要 玩 這個?

　　　　　*CHI: +^ 我 喜歡 玩.

(2)自我完成「+,」（注意！是英文半形）：表示說話者在被打斷或未完成敘述之後，再自我完成整個的敘述。

　　例如：*CHI: 他 跑進 一個 +…

　　　　　*EXP: 什麼 呢?

　　　　　*CHI: +, 他 跑進 一個 山洞.

(3)別人完成「++」（注意！是英文半形）：表示由其他說話者完成句子。

　　例如：* EXP: 如果 小明 早知道 +…

　　　　　* CHI: ++ 他 就會 來.

（二）界定符號

　　界定符號通常寫在方括號[ ]裡面，界定範圍以<>表示，基本的符號使用說明如下：

1. [?]：最接近的猜測：表示轉錄者不確定對話的內容為何。語句先空一格後再加此符號。

　　例如：*CHI: 我 想要 汽車 [?].

　　　　　*EXP: 你 想要 <汽車> [?].

2. [>][<]：重疊的語句，語句先空一格後再加此符號。

　　例如：*CHI: 我 不喜歡 吃 <青菜> [>].

　　　　　*EXP: <什麼> [<] 你想要吃嗎?

3. [/]：沒有修正的延宕，語句先空一格後再加此符號。

例如：*CHI: <我 要> [/] 我 要 玩 汽車.

4. [//]：有修正的延宕，語句先空一格後再加此符號。

例如：*CHI: <我 要> [/] 我 想 我 要 玩 汽車.

5. ["]：引號：把引用的話放在<>裡面，語句先空一格後再加此符號。

例如：*CHI: 老師 說 <不乖的 小孩，不能 出去 玩> ["]

（三）字詞的轉錄

使用標準正確的文字轉錄，即使發音不標準亦然。基本的符號使用說明如下：

1. xxx / xx：「xxx」表示無法分辨、不清晰的言談，在進行分析時會自動忽略有註記 xxx 的語句；如果想要讓不清晰的語句也列入分析，計算成一個語句，則改用「xx」。

例如：*CHI: xxx.

　　　*EXP: 什麼?

　　　*CHI: 我 想要 xx.

2. yyy / yy：「yyy」用注音或音標來表示無法分辨、不清晰的言談，必須在其後加上一行%pho，用注音或音標註記說話者的發音。如果想要讓以「字」的形式來處理每個像字一樣的字串，則使用「yy」表示。

例如：*CHI: yy yy 球球.

　　　%pho: ㄅㄚˋ ㄍㄜ· 球球.

3. www：「www」表示無需轉錄的內容，例如：與親子對話無關的電話談話，必須在其後加上一行% exp，來解釋什麼樣的內容沒有轉錄。

例如：*MOT: www.

　　　%exp: 媽媽和別人在電話中說話

（四）暫停

1. 短暫的暫停用（.）（注意！是英文半形）。
2. 較長的暫停用（..）（注意！是英文半形）。
3. 非常久的暫停用（...）（注意！是英文半形）。
4. 若要描述暫停時間，可直接在括號內標記暫停秒數，例如：
   （2.0）表示暫停兩秒。

在轉錄時，請務必加入語境的描述，由於出現在兒童語句前後的語句、兒童說話時所出現的物體和發生的事件，對於兒童語句的解釋有相當重大的影響，因此語境的描述必須包括交談中共同參與者的語句和非口語情境。另外，蒐集語言樣本時有時會有兩位或兩位以上兒童一起互動、錄音，尤其是自由遊戲的情境。這時只需要轉錄所指定的兒童和蒐集語言樣本者的語句即可。建議先轉錄個別錄音的「小紅帽故事重述」情境，等熟悉個案聲音後，再轉錄其他情境。

肆、華語兒童語言樣本 CHAT 轉錄範例

轉錄者： 蔡宜芳　　　　　　　　個案編號： D3202
◎ 請勾選情境：☑情境一 □情境二 □情境三 ☑情境四

錄音檔名： 971002 黃真真-情境 1+4	兒童總語句數： 58	有效語句數： 48

@UTF-8
@Begin
@Languages: zh
@Participants: CHI D3202 Child, EXP experimenter
@ID: zh|97|CHI|3;11|female| D3202||Target_Child||

*EXP: 真真誰接你回家的?

*CHI: 阿媽. (省略性答覆,為無效語句。)

*EXP: 你每天聽到這個聲音就是要怎麼樣?

*CHI: 要躲起來.

*EXP: 是嗎?

*EXP: 還是要準備怎麼樣?

*EXP: 你每天聽到這個聲音就是要怎樣了?

*CHI: 我要把這個放好.

*EXP: 真真你在學校喜歡跟誰玩啊?

*CHI: 跟博旭玩.

*EXP: 都玩什麼?

*CHI: 誰在叫啊?

*CHI: 我姐姐在叫.

*EXP: 有嗎有聽到姐姐的聲音嗎?

*EXP: 姐姐在什麼班啊?

*CHI: 鯨魚班. (省略性答覆,為無效語句。)

*EXP: 是鯨魚班嗎?

*EXP: 還是綿羊班?

*CHI: 我還沒有要回家.

*EXP: 姐姐在什麼班啊?

*CHI: 嗯企鵝 B 班. (省略性答覆,為無效語句。)

*EXP: 是嗎還是在綿羊班?

*CHI: 我還沒有回家.

*EXP: 你剛剛吃點心為什麼那麼久?

*CHI: 因為因為我太慢了.

*CHI: 因為我想等你.

*CHI: 把門鎖起來了.

*CHI: 等一下人要來了.

*EXP: 等一下誰要來?

*EXP: 什麼人魔鬼嗎?

*EXP: www.

%exp:　實驗者在誘發兒童說話.

*CHI:　這是無尾熊.

*CHI:　爸爸有帶我去看無尾熊.

*CHI:　還有看那個嗯 +… （不完整的語句，為無效語句。）

*CHI:　看那個講不出來.

*CHI:　www.

%exp:　兒童說與主題無關且不清晰的語句.

*CHI:　這個要貼在這裡幹嘛?

*EXP:　要貼起來才不會給惡魔打開呀!

*CHI:　惡魔打開又怎麼了?

*EXP:　惡魔打開就把它拿走了啊!

*EXP:　你剛剛跟我說昨天怎樣?

*CHI:　昨天爸爸和阿姨打架.

*CHI:　警察就來按電鈴.

*CHI:　他拿棍子打她.

*EXP:　爸爸和阿姨打架?

*EXP:　真的還是假的?

*EXP:　你說昨天爸爸和阿姨打架喔!

*CHI:　阿姨一個人哭哭.

*EXP:　警察就怎麼樣?

*CHI:　按電鈴.

*EXP:　那你在哪裡?

*CHI:　我在床上睡不著.

*CHI:　阿姨吵我們.

*CHI:　我都睡不著.

*CHI:　換新的那個老師 +… （不完整的語句，為無效語句。）

*CHI:　+, 新的阿姨了.

*EXP:　換什麼新的阿姨啊?

*CHI:　她要帶我去找緹緹.

*CHI:　緹緹她上次有玩具分我玩.

*CHI:　她給我玩.

*CHI: 她的這個玩具.

*EXP: 那是什麼玩具啊?

*CHI: 那個是去買的玩具.

*EXP: 去買的好多喔

*EXP: 那是什麼?

*CHI: 是小孩子在玩的.

*CHI: 還有大人在玩的.

*EXP: 那個玩具我可不可以看?

*CHI: 嗯!（省略性答覆，為無效語句。）

*EXP: 明天要不要帶給我看?

*EXP: 明天我們有約對不對?

*CHI: xxx.

*CHI: 回去再帶給你看.

*EXP: 玩具回去的時候再怎樣?

*CHI: 帶給你看.

*CHI: 我的玩具很多啊!

*EXP: 有什麼?

*CHI: 那玩具不要了.

*CHI: 要送給你呀.

*EXP: 不要了才給我.

*EXP: 有芭比嗎?

*EXP: 我喜歡芭比

*CHI: 好耶我明天再買.

*EXP: www.

%exp: 兒童分心找玩具和聽幼兒園廣播,實驗者準備情境四的話題
誘發兒童說話.

*EXP: 你在家都會跟姐姐玩什麼?

*CHI: 玩玩具.

*EXP: 玩什麼玩具?

*CHI: 玩玩具呀!

*EXP: 姐姐有沒有跟你一起看卡通?

*CHI:　有.（省略性答覆，為無效語句。）

*EXP:　看什麼啊?

*CHI:　看幼幼台.

*EXP:　幼幼台有什麼啊?

*CHI:　幼幼台有卡通.

*EXP:　有什麼卡通?

*CHI:　有看電視卡通.

*EXP:　還有什麼?

*CHI:　以前我阿媽檳榔攤搬家了.

*EXP:　然後呢?

*CHI:　然後阿姨打架了.

*EXP:　昨天嗎?

*CHI:　他用棍子+…（不完整的語句，為無效語句。）

*CHI:　他用+…（不完整的語句，為無效語句。）

*CHI:　爸爸喝酒用棍子打架.

*CHI:　www.

%exp:　兒童被修房子的聲音干擾而分心.

*EXP:　等一下是阿媽接你回家是不是?

*CHI:　嗯.（省略性答覆，為無效語句。）

*EXP:　阿媽怎麼樣接你回家?

*CHI:　你趕快帶我下去.

*EXP:　為什麼要帶你下去?

*CHI:　因為我會怕.

*CHI:　www.

%exp:　兒童被修房子的聲音干擾而分心.

@End

◎ 請勾選情境：□情境一　☑情境二　□情境三　☑情境四

（註：使用閩南語，小紅帽故事重述時還穿插敘述家庭生活，因此包括兩個情境）

錄音檔名：	081014_黃真真_情境2+4	兒童總語句數：	22	有效語句數：	15

@UTF-8

@Begin

@Languages: zh

@Participants:3202 Child, EXP experimenter

@ID: zh|97|CHI|3;11|female| D3202||Target_Child||

  *EXP: 這是誰？

  *CHI: 媽媽.（省略性答覆，為無效語句。）

  *EXP: 媽媽怎麼樣？

  *CHI: 媽媽拿點心.

  *EXP: 拿點心要做什麼？

  *CHI: 給阿媽吃.

  *EXP: 叫誰拿去給阿媽吃？

  *CHI: 小紅帽.（省略性答覆，為無效語句。）

  *EXP: 那你說一次.

  *CHI: www.

  %exp: 兒童說出不清晰的語句.

  *EXP: 小紅帽要去做什麼？

  *CHI: 要去拿給阿媽吃.

  *EXP: 要拿去哪裡？

  *CHI: www.

  %exp: 兒童說與主題無關且不清晰的語句.

  *EXP: www.

  %exp: 實驗者在誘發兒童說話.

*CHI:　　我去看飛機.

*CHI:　　要去嗎?

*EXP:　　去看什麼?

*CHI:　　看飛機.

*EXP:　　看飛機喔!

*EXP:　　是大野狼要看飛機還是你?

*CHI:　　我.（省略性答覆,為無效語句。）

*CHI:　　我和姐姐去看飛機.

*EXP:　　去哪裡看?

*EXP:　　你和姐姐還有誰

*CHI:　　還有看螃蟹.

*EXP:　　你有看螃蟹喔!

*CHI:　　螃蟹在船下面.

*CHI:　　還有魚跳跳跳.

*EXP:　　誰帶你去的?

*CHI:　　阿公.（省略性答覆,為無效語句。）

*CHI:　　還有看船.

*CHI:　　還有看+…（不完整的語句,為無效語句。）

*CHI:　　還有看+…（不完整的語句,為無效語句。）

*CHI:　　還有玩溜滑梯.

*CHI:　　玩兩個溜滑梯.

*CHI:　　還有眼睛閉起來看那個.

*EXP:　　望遠鏡對不對?

*EXP:　　可以看很遠對不對?

*CHI:　　可以看天上有+…（不完整的語句,為無效語句。）

*CHI:　　可以看小鳥.

*EXP:　　www.

%exp:　　實驗者在誘發兒童回到說故事主題,但兒童仍然說與故事無
　　　　　關的語句.

@End

◎ 請勾選情境：□情境一　□情境二　☑情境三　□情境四

錄音檔名： 971008 黃真真-情境 3	兒童總語句數： 75	有效語句數： 51

@UTF-8

@Begin

@Languages: zh

@Participants: CHI D3202 Child, EXP experimenter

@ID: zh|97|CHI|3;11|female| D3202||Target_Child||

*EXP:　你要喝喔?

*EXP:　這不行啊!

*CHI:　有冰嗎?

*EXP:　你要說什麼?

*EXP:　你問我什麼?

*CHI:　有沒有有冰?

*EXP:　沒有啊!

*EXP:　來我們自己去找一個有冰的飲料好不好?

*EXP:　喔來找找看吧!

*EXP:　哪裡是有冰的飲料.

*EXP:　問長頸鹿好了.

*CHI:　長頸鹿.（省略性答覆，為無效語句。）

*EXP:　問長頸鹿怎麼樣?

*EXP:　問長頸鹿好不好?

*CHI:　有冰的飲料嗎?

*CHI:　www.

%exp:　受幼兒園廣播聲音干擾,兒童和實驗者的語句聽不清楚.

*EXP:　好這是什麼?

*CHI:　用汽球用的.

*EXP:　再來呢?

*EXP:　你要找什麼?

*EXP:　這是什麼?

*CHI:　xxx.

%exp:　兒童語句不清晰.

*EXP:　那是什麼?

*CHI:　小蜜蜂.（省略性答覆,為無效語句。）

*EXP:　是小蜜蜂還是七仔?

*CHI:　七仔.（省略性答覆,為無效語句。）

*EXP:　你要玩什麼啊?

*CHI:　這是電影.

*EXP:　無尾熊肚子餓了.

*CHI:　無尾熊抱抱.

*CHI:　我要給牠吃這個.

*EXP:　那是什麼啊?

*CHI:　是餅乾.

*CHI:　我要餵牠吃ㄋㄟ ㄋㄟ(牛奶).

*EXP:　那我們餵牠吃ㄋㄟ ㄋㄟ好不好.

*EXP:　還有呢?

*CHI:　這是什麼東西?

*EXP:　你看看呀!

*CHI:　如果ㄍㄛ ㄍㄛ叫來就吵死了.（為無效語句）

*CHI:　我要來餵牠.

*EXP:　什麼?

*CHI:　我要來餵牠喝飲料.

*EXP:　好我們來找找看有什飲料可以餵牠.

*CHI:　www.

%exp:　受幼兒園廣播聲音干擾,兒童和實驗者的語句聽不清楚.

*CHI:　吃午餐.

*EXP:　可是無尾熊說<我要去真真家玩>["].

*EXP:　我要跟真真玩好不好.

*CHI:　我們家有玩具.

*EXP:　你們家有什麼玩具?

*CHI:　芭比娃娃. （省略性答覆，為無效語句。）

*EXP:　還有什麼?

*CHI:　www.

%exp:　兒童說與主題無關且不清晰的語句.

*CHI:　湯匙. （省略性答覆，為無效語句。）

*CHI:　這邊有葡萄.

*EXP:　要請我吃嗎?

*CHI:　好. （省略性答覆，為無效語句。）

*EXP:　獅子說牠也要吃.

*CHI:　好. （省略性答覆，為無效語句。）

*CHI:　無尾熊吃.

*EXP:　可是無尾熊說牠不吃葡萄.

*CHI:　再給牠吃東西.

*EXP:　吃什麼呢?

*EXP:　來長頸鹿.

*CHI:　我去找這個給牠.

*CHI:　這是什麼?

*EXP:　我們來想想看這是什麼?

*EXP:　www.

%exp:　實驗者在誘發兒童說話.

*EXP:　這是什麼啊?

*CHI:　貼紙. （省略性答覆，為無效語句。）

*CHI:　我要拿這個來擦擦.

*EXP:　你要拿什麼來擦擦?

*CHI:　溼紙巾. （省略性答覆，為無效語句。）

*EXP:　要拿溼紙巾怎麼樣?

*CHI:　擦擦. （省略性答覆，為無效語句。）

* EXP:　www.

%exp:　受幼兒園廣播聲音干擾,兒童和實驗者的語句聽不清楚.

*CHI:　無尾熊手擦的.

*EXP:　啊黏住了啦!

*EXP: 這個呢?

*CHI: 無尾熊在看自己的手.

*EXP: 來我們教牠看.

*EXP: 無尾熊你要不要保護我啊!

*CHI: 我要保護你.

*EXP: 你要保護誰呀?

*CHI: yyy.

%pho: ㄨㄚㄚㄚㄧㄚㄧ

*EXP: 你要保護阿姨是嗎?

*CHI: 我要保護阿姨.

* EXP: www.

%exp: 受幼兒園廣播聲音干擾,兒童和實驗者的語句聽不清楚.

*CHI: 這有一個一個杯子.

*EXP: 那什麼?

*EXP: 是湯匙嗎?

*CHI: 對.（省略性答覆,為無效語句。）

*EXP: 湯匙要給誰的?

*CHI: 無尾熊跟+…（不完整的語句,為無效語句。）

*CHI: 要用這.

*EXP: 無尾熊還有誰?

*CHI: 還有 yyy.（不清晰的語句,為無效語句。）

%pho: 還有ㄚㄅㄧ.

*EXP: ㄚㄅㄧ是什麼啊!

%exp: 兒童此時笑而不答.

*EXP: 我要喝咖啡了.

*CHI: 好.（省略性答覆,為無效語句。）

*CHI: 我來煮.

*EXP: 為什麼要在屋子裡?

*EXP: 我要躲在這邊.

*EXP: 你要來找我嗎?

*CHI: 我會怕.

*EXP: 你會怕喔!

*CHI: 嗯.（省略性答覆，為無效語句。）

*EXP: 可是我不保護你耶.

*CHI: 我會怕.

*EXP: 你會怕喔!

*CHI: 嗯.（省略性答覆，為無效語句。）

*EXP: 那趕快來呀!

*CHI: 無尾熊牠們會怕.

*EXP: 無尾熊牠們會怕喔!

*CHI: 趕快過去.

*EXP: 是你要保護我耶!

*CHI: 你坐在這邊+…（不完整的語句，為無效語句。）

*CHI: 我坐在這邊保護你.

*CHI: 還有電話.

*EXP: 好吧我們去找電話.

*EXP: 喂喂喂警察快來保護我.

*EXP: 還有要找什麼?

*CHI: 還有+…（不完整的語句，為無效語句。）

*EXP: 今天還有沒有ㄍㄛㄍㄛ的聲音?

*CHI: 沒有.（省略性答覆，為無效語句。）

*EXP: 你還有要找什麼?

*CHI: 我還要找+…（不完整的語句，為無效語句。）

*CHI: 我要找芭比娃娃

*EXP: 在哪裡啊?

*CHI: 我去拿.

*CHI: 我要拿這.

*EXP: 你要這個喔!

*EXP: 可是這不是芭比娃娃.

*CHI: 我要這個.

*CHI: 這是漂亮的公主.

*CHI: xxx.

%exp: 兒童語句不清晰.

*CHI: 這是聖誕老公公.

*EXP: 你是說聖誕老公公嗎?

*CHI: 聖誕老公公坐馬車.

*CHI: xxx.

%exp: 兒童語句不清晰.

*CHI: 我要來他們家.

*CHI: 綿羊搬家了.

*EXP: 誰搬家了?

*CHI: www.

%exp: 兒童說與主題無關且不清晰的語句.

*CHI: 我要拿這個釘.

*EXP: 你在釘什麼?

*CHI: 我在玩這個.

*CHI: 把這個放這個.

*CHI: 才不會跌下來.

*CHI: xxx.

%exp: 兒童語句不清晰.

* EXP: www.

%exp: 受幼兒園廣播聲音干擾,兒童和實驗者的語句聽不清楚.

*EXP: 你要拿什麼敲敲敲.

*CHI: 我要拿這個敲敲敲.

*EXP: 你要拿槌子敲敲敲喔!

*CHI: www.

%exp: 兒童說與主題無關且不清晰的語句.

* EXP: www.

%exp: 受幼兒園廣播聲音干擾,兒童和實驗者的語句聽不清楚.

*EXP: 這是誰的衣服?

*CHI: 臭臭的衣服.

*EXP: 小鳥可不可以穿衣服?

*CHI: 牠穿不下.

*CHI: 芭比娃娃去哪裡?

*CHI: xxx.

%exp: 兒童語句不清晰.

*CHI: ㄑㄧㄡ ㄑㄧㄡ 臉.（為無效語句）

*EXP: 你看到他裙子了喔!

*CHI: 這是老太婆.

*EXP: 老太婆眼睛這麼小喔!

*EXP: 這是誰啊?

*CHI: 她是一個白雪公主.

*EXP: 那我們看白雪公主在做什麼好不好?

*CHI: 我要把這拉鍊拉起來.

*CHI: 看看裡面有什麼東西.

*CHI: 我看到她的頭頭.

*CHI: 我看到她的屁股.

*EXP: 我們幫她擦指甲油好不好?

*CHI: 好!（省略性答覆，為無效語句。）

*EXP: 她可不可以擦指甲油.

*CHI: 可以.（省略性答覆，為無效語句。）

* EXP: www.

%exp: 受幼兒園廣播聲音干擾,兒童和實驗者的語句聽不清楚.

*CHI: www.

%exp: 兒童說與主題無關且不清晰的語句.

@End

伍、總結

　　本章介紹華語兒童語言樣本轉錄之方式，包含：華語語句之斷句規則、CLSA 之轉錄表格、CHAT 之語言樣本格式，以及 CHAT 之轉錄方式。首先，說明華語語句之定義及斷句之規則，並提供無效語句之定義，以及選取有效語句之原則；其次，提供 CLSA 之轉錄表格，並介紹其填寫方式；接著，介紹 CHAT 之轉錄方式及其符號使用規則，並提供範例供讀者參考。在閱讀本章後，讀者應對 CLSA 之轉錄有較詳細之認識。

第 四 章

語言樣本分析

語言樣本分析從多方語言面向評量兒童的語言表現，評估遲緩及障礙之語言層面及程度，並可進一步依不同語言部分（語意、語用或語法）做詳細評估。本章介紹語言樣本分析中所使用之各項發展指標，說明各項發展指標所代表之兒童語言能力及其分析方式。臨床專業人員及教育者可就各項發展指標之數值，與典型發展兒童之數值做比較，以判斷兒童的語言發展是否有遲緩或障礙之現象。

 壹、分析語言發展指標

使用者可依本手冊所介紹之語言樣本蒐集及轉錄方式進行蒐集轉錄後，再依各自進行兒童語言樣本分析之目的，進行不同方式之分析。以下介紹在華語兒童語言樣本分析中，經過蔡宜芳（2009）研究統計考驗，並在本手冊中所建立信效度之兒童語言發展指標分析方式，建議初步進行兒童語言樣本分析之讀者可參考使用。

一、平均語句長度（MLU）

平均語句長度（mean length of utterance，簡稱 MLU）是評量語法發

展的測量指標，一般分析方式為計算所選取的有效語句樣本中之總詞數或總字數（依不同計算單位而定），再將其總數除以所選取之語句總數，所得即為兒童在語言樣本中平均說出之語句長度。研究者指出，兒童之語句長度增加，其文法使用的複雜度也隨之增加。MLU 提供了可總結兒童語句長度表現的方式，可比較兒童本身表現之進步情形，也可與其他兒童之表現做比較。Brown（1973）指出，MLU 可被用來當成兒童語法複雜度的指標。在平均語句長度（MLU）與年齡相關的研究結果顯示，對於正常發展的兒童來說，MLU 與年齡增長之間有顯著相關，直到 MLU 增 加 至 2.5～3.0（Klee, 1992; Rondal, Ghiotto, Bredart, & Bachelet, 1987）；而 MLU 超過 3.0 以上，與年齡的相關性之信度減少，但仍然是語法複雜度和多樣性的有效度預測，直到 MLU 為 4.0（Klee, 1992; Rollins, Snow, & Willett, 1996）。Rice、Redmond 與 Hoffman（2006）指出，MLU 對一般語言發展是具有信度和效度的語法指標，可用來區別正常發展兒童和語言障礙兒童，且適用的年齡層為 3～10 歲。有關華語語言樣本分析的研究顯示，MLU 可有效運用於比較不同兒童的語言結構之發展，在其值小於 4.0 時，是有效的語言發展指標，適用於評量學齡前兒童的語言能力，且能夠區別典型發展和語言障礙兒童。

蔡宜芳（2009）蒐集 3 歲及 4 歲典型發展及語言發展遲緩兒童之語言樣本，進行語言樣本分析之研究，研究結果發現：4 歲典型發展兒童組之平均語句長度發展指標之數值皆高於 3 歲典型發展兒童組，此顯示以字及以詞為單位之 MLU 皆有隨年齡增長而增加的趨勢，且達統計上的顯著水準，可當成鑑別不同年齡之正常發展兒童的語言發展指標。此外，3 歲及 4 歲典型發展兒童組以字及以詞為單位之 MLU，皆有高於 3 歲及 4 歲語言發展遲緩兒童組的趨勢，且達統計上的顯著水準。

二、最長 5 個語句平均長度（MLU5）

　　除了 MLU 之外，最長 5 個語句平均長度（MLU5）是另一項能夠表現出兒童語言發展能力之語句長度指標。MLU5 之計算方式是從兒童語言樣本中最長 5 個語句，計算其總詞數或總字數（依不同計算單位而定），再將其總數除以 5 個語句數，取其平均語句長度。Vandewalle、Boets、Boons、Ghesquiére 與 Zink（2012）之長期研究指出，幼兒園、一年級及二年級之 SLI 兒童較典型發展之控制組兒童，在重述故事之MLU5 表現有顯著落後的情形。在華語方面，周兢、張鑑如（2009）指出，MLU5 可以反映兒童在語句複雜程度上的最高表現水準；李琳（2014）指出，兒童在 54 個月大之後，其 MLU 的增加趨於停滯，但在MLU5 的表現上，卻在 54 個月大之後出現顯著增長的趨勢，且持續達 6個月；周兢、李傳江、杜麗君、王飛霞、陳思（2014）使用 MLU5 分析新疆兒童之漢語發展，同樣發現 MLU5 隨兒童之年紀增長而增加。

　　蔡宜芳（2009）分析 3 歲及 4 歲典型發展及語言發展遲緩兒童之語言樣本，研究結果發現：4 歲典型發展兒童組以字及以詞為單位之MLU5，皆高於 3 歲典型發展兒童組，且達統計上的顯著水準。此外，3歲及 4 歲典型發展兒童組以字及以詞為單位之 MLU5，皆顯著高於 3 歲及 4 歲語言發展遲緩兒童組。上述這些研究結果顯示，MLU5 可反映出兒童較高語言能力程度之表現，且隨著兒童年齡之增長而顯著增加，並且可呈現出典型發展兒童及語言發展遲緩兒童之區別。

三、以字和以詞為單位計算

　　國外許多研究提出 MLU 值的分析方式有不同的計算單位，包括以詞為單位之平均語句長度（MLUw）（Parker & Brorson, 2005）、以音節為單位之平均語句長度（MLUs）（Hickey, 1991），以及以詞素為單位之

平均語句長度（MLUm）（Brown, 1973）。Brown（1973）提出的MLUm被廣泛研究及運用，MLUm被認為可用來預測兒童之語法能力、推估兒童整體語言發展能力之階段，以及診斷與鑑別語言障礙（Brown, 1973; Miller & Chapman, 1981; Owens, 2013）。許多研究探討各個不同單位 MLU 之信度與效度，分析何種單位最具兒童語言發展能力之指標性（Hickey, 1991; Thordardottir & Weismer, 1998）。Parker 與 Brorson（2005）蒐集了 40 位母語為英語的典型發展兒童之語言樣本，比較其MLUw 值及 MLUm 值；其結果顯示，MLUw 與 MLUm 之相關性極高，說明在表現兒童語言發展能力上，MLUw 與 MLUm 同樣可信。

與英語不同，華語的基本語意單位是詞，對於 MLU 也有不同的計算單位。在華語 MLU 的研究中，張顯達（1998）使用兩種計算單位：音節（MLUs）及詞（MLUw）來計算 MLU；結果指出，以音節及詞計算之MLU 皆與年齡成正相關，另外，以音節及詞計算之 MLU 兩者之間也呈高度相關。吳啟誠（2002）發現，以詞為單位計算之 MLU（MLUw），其重測信度高於以字為單位計算之 MLU（MLUc），此研究結果顯示，在華語中，詞也許為較具信度之 MLU 計算單位。因此，在本手冊中使用 MLU-c、MLU-w、MLU5-c、MLU5-w 作為分析平均語句長度之測量指標。

四、詞彙多樣性（VOCD）

研究文獻多以詞彙多樣性來評量兒童自發性語言的詞彙能力，而相異詞比率（TTR）是分析詞彙多樣性的常用方法之一。TTR 之計算方式為將相異字詞數除以總字詞數，以得到兒童在語言樣本中所使用的相異字詞之比率。Miller（1981）指出，相異詞比率低於 0.50，反映出詞彙缺乏多樣性，可能顯示語言特定的缺陷。TTR 雖可以反映兒童之相異字詞的使用情形，但較可能受到總詞彙量大小之影響，而導致 TTR 無法區別語言精熟程度不同的兒童。如兒童之 50 個語句（或 100 個語句）所包含的總字詞

數較多，即使相異詞數增加，計算出來的 TTR 值也可能和總字詞數較少且相異字詞數較少的兒童相同，導致無法顯示族群語言程度的差異。

　　詞彙多樣性（Vocabulary Diversity，簡稱 VOCD）（McKee, Malvern, & Richards, 2000）為另一種評量詞彙多樣性的方式。VOCD 的計算方式是根據逐漸增長的語言樣本中使用新字詞之機率，重複 100 次計算語言樣本中每 35～50 個字詞（token）的 TTR 值，由 TTR 值隨樣本大小改變的曲線，再進行數學模式的修正，因此 VOCD 的計算能夠儘量減少樣本字詞數量的影響。VOCD 值愈大，表示詞彙多樣性愈高。Klee、Strokes、Wong、Fletcher 與 Gavin（2004）蒐集了 144 位香港以粵語為母語之兒童，分析其 VOCD，其中 53 位是典型發展兒童，91 位是 SLI 兒童，兒童之年齡為 3 歲 7 個月～7 歲 3 個月。研究結果顯示，兒童之 VOCD 表現與年齡成高度相關，顯示 VOCD 隨年齡增加而成長。

　　蔡宜芳（2009）之研究是在分析華語 3～5 歲典型發展及發展遲緩兒童之 VOCD，結果發現，3 歲組及 4 歲組之典型發展及發展遲緩兒童的 VOCD 皆有顯著差異；劉芫君（2011）追蹤 3 歲與 4 歲典型發展及發展遲緩兒童一年後之 VOCD 表現，發現所有兒童之 VOCD 皆隨年齡增長而增加，其中 3 歲組典型發展、3 歲組發展遲緩，以及 4 歲組發展遲緩兒童的一年後之 VOCD 皆有顯著增加。以上研究顯示，華語兒童之 VOCD 有隨年齡增加之趨勢，可用於評量兒童詞彙能力之發展，亦可用於鑑別語言發展遲緩及語言障礙。因此，本手冊選擇 VOCD 作為分析兒童詞彙能力之指標。因華語特性與英語不同，VOCD 可分為以字為單位及以詞為單位的兩種分析方式，即為字彙多樣性（VOCD-c）及詞彙多樣性（VOCD-w）。本手冊將此兩項皆納入分析項目，說明其分析方式並提供範例。

五、詞類分析

　　華語中的詞根據其語法功能，可分為實詞及虛詞兩大類。實詞為具

有實際意義的詞，虛詞為功能詞，具有語法意義。實詞共可分為七大類：名詞、動詞、形容詞、副詞、數詞、量詞及代詞。虛詞則有助詞、嘆詞、連詞及介詞四類。實詞可單獨作為句子成分，虛詞可連接實詞及句子，或表示語氣，使語意完備（何永清，2005）。蔡宜芳（2009）的研究結果發現，兒童實詞之成長較虛詞快速；史惠中（1989）指出，3～6 歲兒童之詞彙發展，其名詞、動詞、副詞及形容詞之成長較為顯著。劉芫君（2011）追蹤 3 歲與 4 歲典型發展及發展遲緩兒童一年後之詞彙能力比表現，結果發現：4 歲典型發展兒童之名詞數量及種類顯著高於 3 歲兒童，此顯示兒童隨著年齡增長，其名詞使用之數量及種類均顯著增加。蔡宜芳（2009）分析兒童介詞連詞之虛詞數量（PC），結果指出：兒童之介連虛詞數量（PC）有隨兒童年齡增長而提升之趨勢。詞類分析提供兒童在詞彙使用上之細節，可讓施測者了解兒童對於各詞類的詞彙習得之發展狀況，亦可用於評量兒童在詞彙習得方面之進步情形。

、語言樣本分析方式

一、選取 100 個有效語句

在從四個語境中的所有語句選取 100 個有效語句時，為求此樣本為具代表性之語言樣本，選取時須注意省略前 10 個兒童的語句，以及剛開始前 2～3 分鐘之語料。如果所收錄的兒童語言樣本之情況許可，則盡可能平均地從四個語境中選取連續語句，即每個語境約選取 20～30 個連續語句。若個案的語言樣本句數較少或是語言發展遲緩兒童，則可彈性減少有效語句數之選取，建議至少選取 50～75 個有效語句，即每個語境至少選取 10～15 個連續語句。以下為選取 100 個有效語句之範例，請讀者依照第三章【CLSA 轉錄表】轉錄後，開啟新的 txt 檔儲存。以下為第三章個案林丁丁的 100 個有效語句範例。

大恐龍的故事

在大便

牠在坐馬桶大便

我的

給你呀

我再抓一個給你吃下去

貓咪

你看有這個啊

因為牠有鬍鬚啊

狗狗

狗狗

狗狗在大便

我的臭腳腳

我也是很多隻啊

牠也很多隻啊

兩隻

不然我踢你喔

我不要唸了啦

我不要甩你了

姑姑你看

那裡有個洞

走路要看有沒有洞

不然腳會掉到洞裡面

腳要砍掉才能出來

爸爸說呀

姑姑你看

這個有車車人房子 都 有

這個電池裝進去它才會跑

沒有

我家裡沒有

牠的

熊熊的

這個垃圾車

開口

它後面有開口

這個是載土的

要啊

它就不會動

直昇機消防車警察車火車

喜歡

姑姑你買給我好不好

因為我沒有啊

車車

車車跟養樂多都要

這個是放積木的

你下次要找給我

草莓的

草莓的養樂多

大瓶的

我要大瓶的

大瓶的啦

這是給阿媽的

我拿著啊

不要在這裡喝

我躲哥哥的球

就跌倒了

不要

會痛

一下子就好喔

好痛喔

不要用了

早知道就不要用消毒

王建民

假裝的

我沒有看路就摔倒

在阿姨家的後山

因為我沒有看路

路很陡會摔下去

要小心

這個已經玩

過了

代表玩過了

這個沒有

剛才媽媽用的那個

我們家有

我要尿尿

蘋果龍眼乾

還有媽媽剛剛削的那個

芒果

在電風扇那裡

喜歡

要看看有沒有籽

西瓜

西瓜在這裡

香蕉

香蕉在這裡

草莓

草莓在這裡

奇異果在這裡

可是這個我不會唸

冰淇淋

冰淇淋是哪一個啊

在哪裡啊

這個已經玩完了

我只講一遍

然後就不講了

從哪裡出去呀

可是你出不出去呀

因為我把你關起來了

整個都關起來了

二、以字為單位的 100 個有效語句

在進行 CLAN 程式之前，需將兒童語言樣本儲存為「以字為單位」和「以詞為單位」兩種格式。

兒童語言樣本的 100 個語句，為符合 CHAT 的轉錄主段，每個字詞之間必須要有空格。建議讀者可使用本書光碟中的「AssistClan 2.2 程式」來協助語句的轉錄存檔，在進行轉檔前可先參見本書附錄二「AssistClan 2.2 程式說明」。

「以字為單位的 100 個有效語句」之檔案格式處理流程如下：

1. 使用 AssistClan 2.2，將 100 個有效語句的內容複製後貼在左框，按下【斷詞修改】鍵，右框會出現轉換完成的檔案。【斷詞修改】鍵會將每一個有效語句前新增一個「*CHI:」的符號。

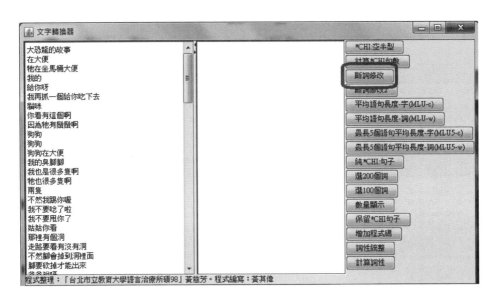

2. 將右框的內容複製後貼在左框中，按下【*CHI:空半型】鍵，AssistClan 2.2 會將每一個字之間空半型。

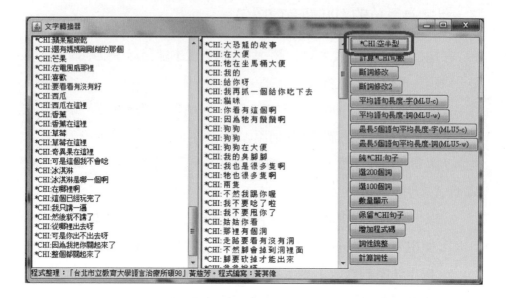

3. 完成後，將右框的內容複製後貼在左框，按下【增加程式碼】
鍵，語言樣本上下會新增程式碼，讓 CLAN 能夠運行。

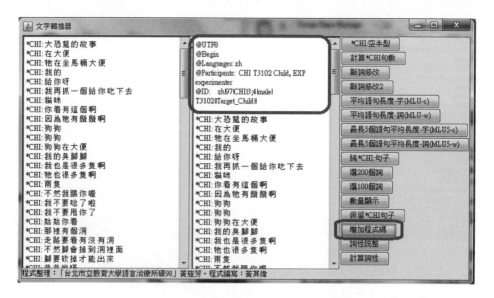

4. 將右框的內容貼在 CLAN 中，並按下「File」→「Save As」存檔，此即為「以字為單位的 100 個有效語句」。

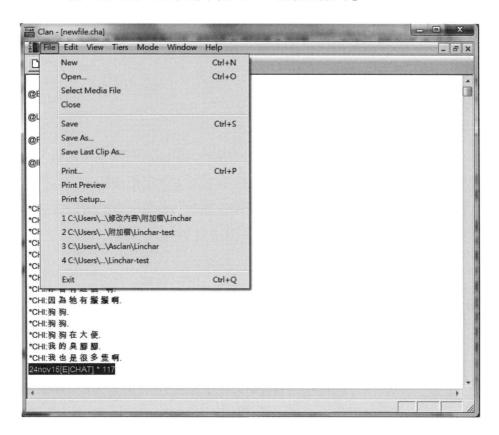

三、以詞為單位的 100 個有效語句

以下將先說明華語「詞」之判定與中文斷詞系統，建立華語「詞」的基礎知識後，再說明「以詞為單位的 100 個有效語句」之檔案格式處理流程。

（一）華語「詞」之判定

詞是最小、能獨立運用的有意義之語言單位。獨立運用指的是能夠

單獨說出或是能單獨在句子中使用，不必與其他語言成分結合（劉月華、潘文娛、故韡，1996），例如：「蜜蜂」是一個詞，因為：

1. 它有意義。

2. 它可以單獨說出或回答問題，例如：

    問：這是什麼？

    答：蜜蜂。

3. 它可以單獨運用。

但是「人民」中的「民」就不是一個詞，因為它不能單獨進入語句，必須和其他語素組合（例如：人、公、居等），才能形成語句。華語的斷詞常須與前後文的意義配合，才可決定斷詞的位置，這是轉錄者需要特別留意之處。以下為斷詞範例。

	斷詞結果	說明
範例一	大(A)恐龍(N)的(T)故事(N)	「恐龍」一詞中的「恐」無法單獨存在句子中，必須和其他語素結合，「恐龍」一詞有意義並可以單獨說出，故將「恐龍」斷為一詞。「大」有意義，可獨立說出，也可以單獨在語句中運用，例如：和其他名詞結合，「大雨」、「大樹」等。「故事」中的「故」亦無法單獨使用或單獨說出，需和其他語素結合，「故事」才可單獨存在句子中，因此將「故事」斷為一詞。
範例二	因為(C)牠(Nh)有(V)鬍鬚(N)啊(T)	此語句中的「牠」及「有」都可獨立說出並獨力存在於語句中，因此斷為一個詞。「因為」及「鬍鬚」若分割，皆不可獨立在語句中運作，因此將「因為」及「鬍鬚」斷為一詞。

	斷詞結果	說明
範例三	這(Nh)是(V)小紅帽(N)的(T)老奶奶(N)的(T)房間(N)	雖然「小」為一個可單獨在語句中運作的詞，但「小紅帽」在故事中為一角色名稱，「小」並不是兒童自行加上之形容詞，因此斷為一個詞而非兩個詞。「老奶奶」之斷詞方式亦相同。
範例四	我(Nh)會(D)幫(P)媽媽(N)	「會」及「幫」皆可單獨在語句中運作，所以可單獨斷為一個詞。

（二）中文斷詞系統之使用方式

　　中文斷詞系統提供自動抽取新詞建立領域用詞，或線上即時分詞之功能，並可線上即時附加詞類標記。由於華語中詞的界定不易，全憑人工判斷容易有不一致且耗時的問題。目前可使用線上中文斷詞系統，以解決斷詞之問題。本手冊已取得中央研究院「中文斷詞系統」之授權使用，使用者可以連結官網使用。以下為中文斷詞系統在 CLSA 之使用方式。

1.進入網站

　　進入「中研院平衡語料庫／中文斷詞系統」的網站（http://ckipsvr.iis.sinica.edu.tw/），點選左欄的「線上展示」。

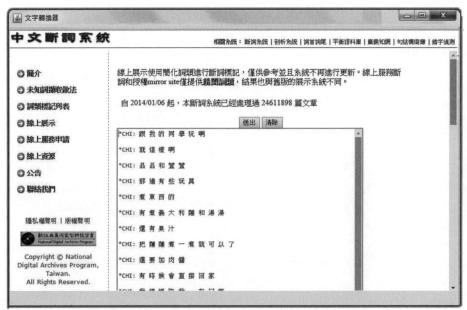

2. 複製貼上

　　將選定的 100 個語句逐一複製貼上「線上展示」內（每個語句要以句號隔開，以免斷詞後的語句之間無法區隔），然後按「送出」，等待幾秒後點選「包含未知詞的斷詞標記結果」，即可得到每個語句的斷詞結果。

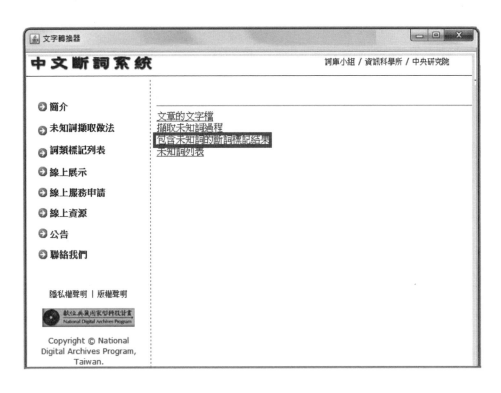

3. 以 AssistClan 2.2 處理

請將網頁中的內容全部複製後，貼在 AssistClan 2.2 左框，按下【斷詞修改】鍵，AssistClan 2.2 會刪除虛線及不需要的「*CHI(FW):(COLONCATEGORY)」符號，最上方若有一個空白的「*CHI:」符號，請記得刪除。

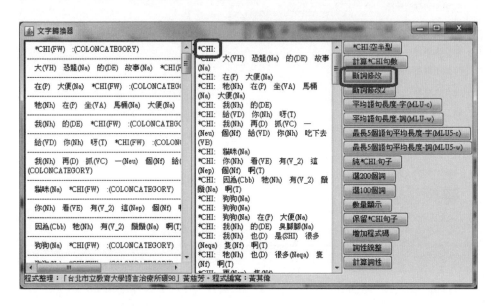

4. 進行人工斷詞修正

人工斷詞指的是進行華語兒童語言樣本分析者需自行修正「中文斷詞系統」之斷詞結果，共有兩個部分需要修正：第一個為「修正斷詞」；第二個為「修正詞性」。

在進行「修正斷詞」時，分析者可以依據前後文的語意再次檢查，並依循「台灣兒童語言語料庫（TCCM）分詞標準」進行斷詞之修正。人工修正斷詞是要根據語境、語句內容、華語特性和語言學等要素，完成更適當的斷詞。以下摘要「台灣兒童語言語料庫（TCCM）分詞標準」，說明進行華語兒童語言樣本轉錄時常用之斷詞修正規則：

（1）正反問句結構之斷詞方式以動詞單位做為切分，例如：「要 不 要」，斷為三個詞。

（2）附於詞根表時態或特定語法功能之詞需切分，例如：「去 過」—表過去，「看 了」—表動作完成，「燃燒 著」—表動作持續。

（3）複合動詞（如 V—給、V—到、V—掉）皆要切分，例如：「寫 信 給」、「走 到」、「吃 掉」，皆斷為兩個詞。

（4）限定詞＋量詞之斷詞規定，「這 隻」、「這 次」、「那 個」……等要斷開。「這樣」、「那樣」、「這些」、「那些」、「這裡」、「那裡」均視為一個詞。「上次」、「下次」、「每次」，若是在修飾後面的名詞，則斷開為「每 次」、「上 次」、「下 次」，例如：「每 次 上課 都 要 帶 課本」；若為表示時間的副詞類則不須斷開，例如：「下次 要 穿 給 阿姨 看 喔」。

修正斷詞之參考範例如下。

範例	原始斷詞結果	人工修正後的斷詞結果	說明
1	你 下 次要 找給 我。	你下次要找給我。	・「下次」應算一個詞。 ・「要」應視為一個詞。 ・「找給」要斷成二個詞。
2	我 把 你 關起來 了。	我 把 你 關起來 了。	・「關起來」應算一個動詞。
3	大 野狼 吃掉 小紅帽。	大野狼 吃 掉 小紅帽。	・「大野狼」是名稱，應該算一個詞。 ・「V—掉」應斷為兩個詞，因此「吃」「掉」應斷為兩個詞。

範例	原始斷詞結果	人工修正後的斷詞結果	說明
4	他 走到 那裡。	他 走 到 那裡。	• 「V—到」應斷為兩個詞，因此「走」「到」應斷為兩個詞。
5	我 看過 這 個。	我 看 過 這 個。	• 附於詞根表時態或特定語法功能之詞需切分，因此「看」「過」應斷為兩個詞。

註：詳細內容請參看「中研院平衡語料庫」及張顯達、張鑑如、柯華葳、蔡素娟（2011）的「台灣兒童語言語料庫（TCCM）分詞標準」（http://taiccm. org/）。

　　需人工修正之第二部分為「修正詞性」。在修正完斷詞後，需檢查每個詞的詞性是否符合該語句的語意及語法，若不符合需做人工修正，並依下列「詞性分類與中文斷詞系統標記之對照表」，使其僅呈現以下 11 種詞類形式：（1）名詞（N）；（2）動詞（V）；（3）形容詞（A）；（4）數詞（Neu）；（5）量詞（Nf）；（6）代詞（Nh）；（7）副詞（D）；（8）介詞（P）；（9）連詞（C）；（10）助詞（T）；（11）嘆詞（I）。「中文斷詞系統」所提供之詞類標記較適合用於語言學之研究使用，對於分析兒童語言能力則過於繁瑣，因此將其簡化成適合用於分析兒童語言能力之 11 種詞類。在語言學的詞性分類中，另有一分類為「象聲詞」，在「中文斷詞系統」中，將「象聲詞」視為副詞，但是由於「象聲詞」大部分是兒童模仿車子、動物的聲音，因此「象聲詞」不納入詞類計算，必須做人工修正，將其從副詞中剔除。

　　初學者對於不確定的詞性可自行查閱華語語法的相關書籍或文獻。需注意的是：在「中文斷詞系統」之斷詞結果中有三個特殊標記

「(DE)」、「(SHI)」、「(FW)」，此三種標記不可誤解為詞性簡稱，「(DE)」代表中文字「的」、「之」、「得」、「地」；「(SHI)」代表中文字「是」；「(FW)」代表外文標記；進行華語兒童語言樣本分析者需依據語句的語意及語法，來自行判定這三種特殊標記的詞性。在華語兒童語言樣本分析中，考量兒童之語言能力，因沒有過於複雜之語句，將「的」（在轉錄時，應將「地」及「得」也以「的」轉錄）的詞性分類以下列原則處理。在漢語語法的詞性分類中，多將「的」歸類於結構助詞（何永清，2005；劉月華等人，1996）。結構助詞的功能是將詞語連接起來，使其成為短語，例如：「的」連結定語及其中心語，「地」連接狀語及其中心語，「得」連結補語及其中心語。名詞、代詞、形容詞、動詞、主謂短語等都可加上「的」，而形成「的」字短語，例如：紅的、教書的、我的等等（劉月華等人，1996）。在「中文斷詞系統」中，「的」之標記多為「(DE)」，請統一將轉錄檔中所有「的」的標記改為助詞「(T)」。

另外，需注意「了(Di)」的詞性修正，在漢語語法的詞性分類中，多將「了」分類為動態／時態助詞或語氣助詞。動態／時態助詞表示動詞的語法意義，「了」表示動作行為的完成，只出現在動詞後，例如：「我昨天看了那本書」。語氣助詞一般位於句末，可以單獨或與語調以及其他詞類一起表示各種不同的語氣；「了」在做為語氣助詞時，主要表示情況發生了變化以及表達語氣（何永清，2005；劉月華等人，1996）。在「中文斷詞系統」之斷詞結果中，「了」有時會被標記成「(Di)」，請分析者統一將轉錄檔中所有的「了」以助詞「(T)」標記。詳細的詞性分類及「中文斷詞系統」標記說明，請參考「中研院平衡語料庫使用手冊」。

詞性		中研院中文斷詞系統標記
實詞	名詞（N）	Na、Nb、Nc、Ncd、Nd、Ng
	動詞（V）	VA、VAC、VB、VC、VCL、VD、VE、VF、VH、VHC、VG、VI、VJ、 VK、VL、V_2、SHI（是，關係動詞）
	形容詞（A）	A
	數詞（Neu）	Neu
	量詞（Nf）	Nf、Neqa
	代詞（Nh）	Nh、Nep
	副詞（D）	Da、Dfa、Dfb、Di、Dk、D
虛詞	介詞（P）	P
	連詞（C）	Caa、Cab、Cba、Cbb
	助詞（T）	T、DE（所有「的」）、Di（「了」）
	嘆詞（I）	I

修正詞性之參考範例如下：

	原始斷詞標記結果	人工修正後的斷詞標記結果	說明
1	你(Nh)來(D)我(Nh)家(Nc)啊(T)	你(Nh)來(V)我(Nh)家(N)啊(T)	「來」應該是動詞(V)。
2	老師問：這什麼字？兒童回答：大(VH)。	老師問：這什麼字？兒童回答：大(Na)。	原斷詞系統定為(VH)，但經語境確認，兒童只是回答故事書上的一個「大」字，所以改為(Na)。
3	你(Nh)下(VC)次要(A)找給(VD)我(Nh)	你(Nh)下次(D)要(D)找(V)給(P)我(Nh)	・「下次」應該算一個詞，是時間副詞(D)。 ・「要」應視為一副詞(D)。 ・「找」「給」應斷為兩個詞，「給」為介詞。

	原始斷詞標記結果	人工修正後的 斷詞標記結果	說明
4	我(Nh)把(P)你(Nh) 關 起(VC)來(VA) 了(Di)	我(Nh)把(P)你(Nh)關起 來(V)了(T)	・「關起來」應該算一 個動詞(V)。 ・「了」應視為助詞 (T)。
5	要(D)砍掉(VC)才能(Na) 出來(VA)	要(D)砍(V)掉(T)才能(D) 出來(V)	此句的「才能」是「才 能夠」，並非「才能 (N)」，所以必須修正 為(D)。

5. 詞性統整

接著，請使用AssistClan 2.2 人工修正後的內容貼在AssistClan 2.2 左框，按下【詞性統整】鍵，右框即顯示統整好的內容。

（三）存檔為「以詞為單位的 100 個有效語句」

1. 將詞性統整過的內容貼在AssistClan 2.2 左框，再按下【斷詞修改2】鍵，即可去除「( )」的內容。若是以 AssistClan 2.2 進行數據分析，則不需進行此步驟。

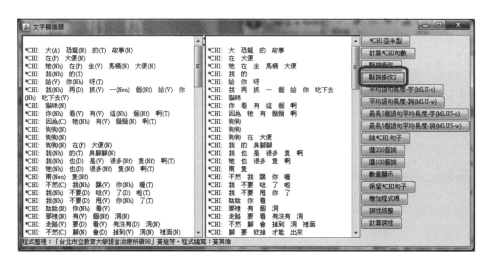

2. 將右框內容複製後貼在左框，按下【增加程式碼】鍵，即可增加程式碼。

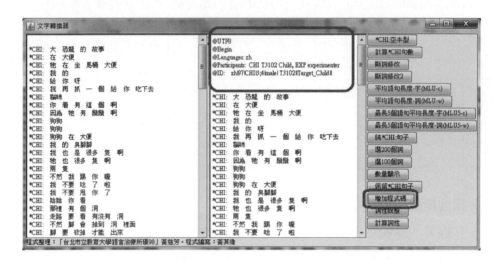

3. 最後貼在CLAN上進行儲存（請注意：儲存時請使用英文檔名，不要使用中文，並在檔名後加入「.cha」）。

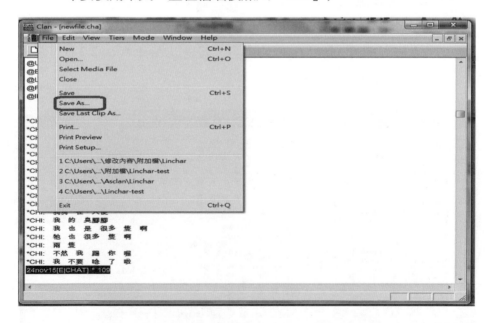

四、以 CLAN 進行各項指標分析

以下將說明如何使用 CLAN 程式來分析語言樣本，常用的分析指令可參見本書附錄三。

（一）點選

點選 CLAN 視窗畫面中的「Window」→再點選 Window 之中的「Commands」，出現「Commands」的視窗。

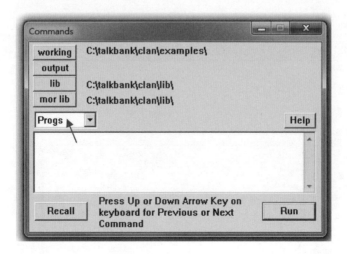

（二）進行平均語句長度（MLU）之分析

1. 點選上圖箭頭所指的選單，會出現可使用的各種分析指令，選擇
「mlu」指令。

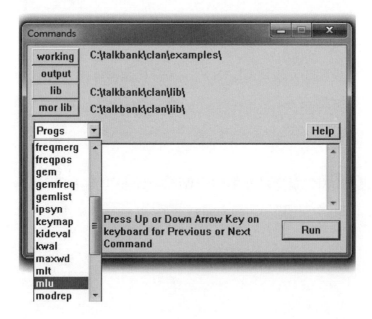

2. 此時，「Commands」的視窗會出現「mlu」，並出現 File In、Tiers 和 Search 三個按鈕。

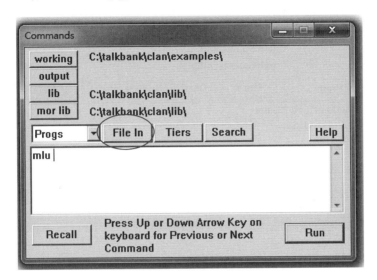

在「mlu」之後鍵入一個空格並加上「+t*CHI」（此表示分析檔案中以 CHI 作為標記的目標兒童語句）。由於 mlu 指令會自動先去尋找要分析的樣本文件中是否有「%mor」（morpheme 分析的標記），假若目前要分析的樣本文件中都沒有此類標記，則需要再加上「-t%mor」，讓 CLAN 程式知道不要去找「%mor」這一類的標記。

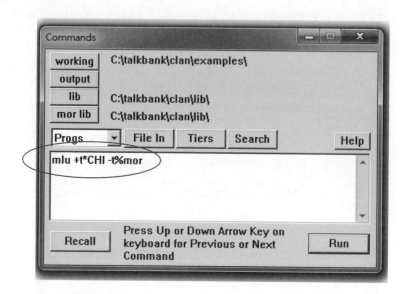

3. 點選「File In」按鈕，將出現一個選擇語料視窗，要求確定工作
目錄中的輸入檔。

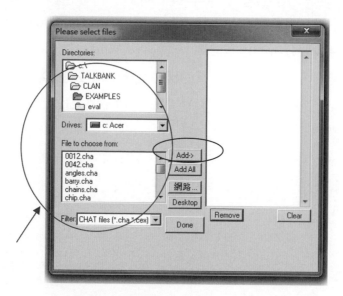

4. 從中點選「所欲分析的檔案」，注意副檔名必須是「*.cha」，例
如：「T3105-1.cha」，點選「Add->」按鈕，使所欲分析的檔案

列在右方「Files for Analysis」清單中，接著點選「Done」（完成）按鈕。由於CLAN程式對於何謂一個語句是以句子是否有標點符號做為判斷，若樣本文件中的句子都沒有標點符號做結尾，將導致分析結果出現「0 utterance」。在分析之前請先檢查樣本文件中是否有包含適當的標點符號。

5. 選擇完檔案後將回到「Commands」視窗，命令行後端會自動加上「@」，用來表示剛剛所選擇的欲分析檔案。此時會看到分析指令為「mlu +t*CHI -t%mor @」，接著點選「Run」按鈕。

6. 接著會在 CLAN 視窗畫面中輸出分析結果。將「Ratio of morphemes over utterances」值填入【CLSA基礎分析結果彙整表】中之「計算平均語句長度（MLU）」部分，請四捨五入取至小數點第二位，再分別「以字為單位」和「以詞為單位」進行平均語句長度（MLU）之分析。

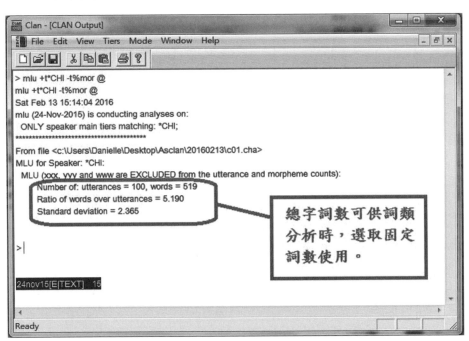

（三）進行最長 5 個語句平均長度（MLU5）分析

1. 同上述 2 之步驟，改點選「clan programs」視窗之中的「maxwd」指令。

2. 此時「Commands」視窗會出現「maxwd」，在「maxwd」之後空一格並加上「+t*CHI +g2 +c5 +d0」，此表示以詞為單位，尋找分析檔案中兒童最長的 5 個語句。

3. 選「File In」按鈕，選取「所欲分析的檔案」，選取完檔後將回到「Commands」視窗，命令行會出現「maxwd +t*CHI +g2 +c5 +d0 @」，接著點選「Run」按鈕。

4. 接著會在 CLAN 視窗畫面中輸出所找到的最長 5 個語句和該語句對應的詞或字的數目。此時可以手動計算這 5 個語句長度之平均值，即為 MLU5。

5. 若要 CLAN 自動計算這 5 個語句長度之平均值，則再次點選「clan programs」視窗之中的「maxwd」指令。在「maxwd」之後空一格並加上「+t*CHI +g2 +c5 +d1 @ | mlu -t%mor」，接著點選「Run」按鈕，則會看到自動計算最長 5 個語句平均長度的計算結果，再將結果填入【CLSA 基礎分析結果彙整表】中之「計算最長 5 個語句平均長度（MLU5）」，請四捨五入取至小數點第二位，分別「以字為單位」和「以詞為單位」進行分析。

（四）進行「字彙多樣性（VOCD-c）」分析及「詞彙多樣性（VOCD-w）」

1. 同上述2之步驟，改點選「clan programs」視窗之中的「VOCD」指令。注意！「VOCD」分析的樣本大小至少為50個語句。

2. 此時「Commands」的視窗會出現「VOCD」，在「VOCD」之後空一格並加上「+t*CHI +r6」，此表示分析檔案中兒童語句的詞

頻及詞彙多樣性（VOCD）。

3. 選「File In」按鈕，選取「所欲分析的檔案」，選取完檔後將回到「Commands」視窗，命令行會出現「VOCD: VOCD +t"*CHI" +r6 @」，接著點選「Run」按鈕。

4. 接著會在 CLAN 視窗畫面中輸出分析結果。

5. 將結果的最後一個段落「VOCD RESULTS SUMMARY」中的「D_optimum average」值填入【CLSA 基礎分析結果彙整表】中之「計算詞彙多樣性（VOCD-w）」，請四捨五入取至小數點第二位。

6. 分析「字彙多樣性（VOCD-c）」時，請使用以字為單位（未斷詞之 100 句語言樣本，每個字中間以空白做分割）的語言樣本，處理成 CLAN 可分析之格式，進行上述步驟，所得到之數值即為【CLSA 基礎分析結果彙整表】中之 VOCD-c，請四捨五入取至小數點第二位。

7. VOCD 的計算方式是根據逐漸增長的語言樣本中使用新字詞之機率，重複 100 次計算語言樣本中每 35～50 個字詞（token）的 TTR 值，由 TTR 值隨樣本大小改變的曲線，再進行數學模式的修正，因此每次使用軟體分析 VOCD 之結果會有些微之不同。

‧字彙多樣性（VOCD-c）的語言樣本分析結果

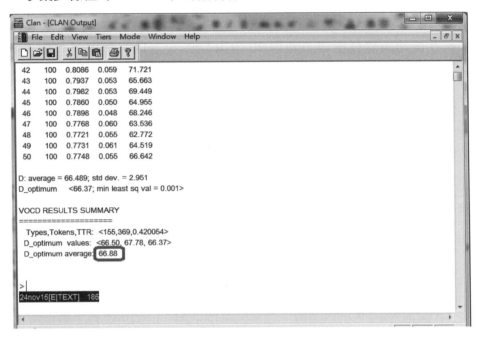

‧詞彙多樣性（VOCD-w）的語言樣本分析結果

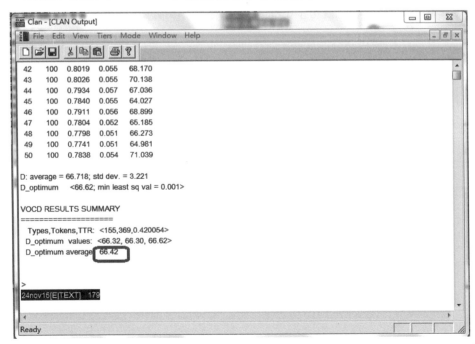

五、以電腦軟體 AssistClan 2.2 進行檔案處理

在使用國際兒童口語語料庫 CHILDES（Child Language Data Exchange System）的語料分析程式 CLAN 進行兒童語言樣本分析時，由於斷句、斷詞、人工修正詞類等問題，常會出現人為的錯誤，因此另一軟體 AssistClan 2.2（修改自黃慈芳，2011），可用來輔助進行華語兒童語言樣本分析。本軟體的功能較為簡易，可解決一些轉錄格式錯誤以致於無法分析之問題，但是此軟體並無法代替 CLAN 程式，不過可讓專業人員在做分析時節省許多時間。以下介紹 AssistClan 2.2 可協助分析語言樣本的向度（AssistClan 2.2 之相關安裝與按鍵說明，可參考本書附錄二）。

（一）進行「平均語句長度」（MLU）之分析

AssistClan 2.2 可以進行「以字為單位」和「以詞為單位」的平均語句長度分析。將先前儲存為「以字為單位的 100 個有效語句」及「以詞為單位的 100 個有效語句」的檔案貼在左框，分別按下【平均語句長度-字(MLU-c)】鍵和【平均語句長度-詞(MLU-w)】鍵，即可得到「以字為單位之平均語句長度」和「以詞為單位之平均語句長度」。完成後可與 CLAN 相對照。

1. 以字為單位之平均語句長度（MLU-c）

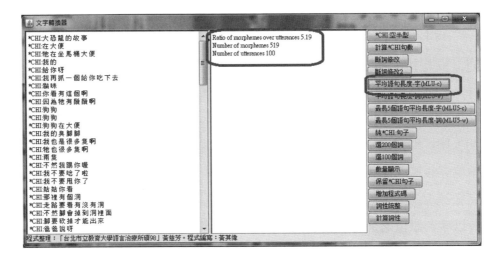

2. 以詞為單位之平均語句長度（MLU-w）

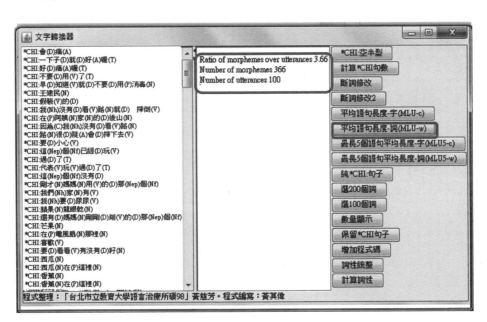

（二）進行「最長 5 個語句平均長度」（MLU5）之分析

AssistClan 2.2 可以進行「以字為單位」和「以詞為單位」之最長 5 個語句平均長度的分析。將先前儲存為「以字為單位的 100 個有效語句」及「以詞為單位的 100 個有效語句」的檔案貼在左框，分別按下【最長 5 個語句平均長度-字(MLU-c)】鍵和【最長 5 個語句平均長度-詞(MLU-w)】鍵，即可得到「以字為單位之最長 5 個語句平均長度」和「以詞為單位之最長 5 個語句平均長度」。

1. 以字為單位之最長 5 個語句平均長度（MLU5-c）

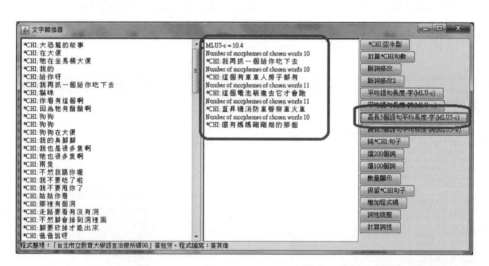

2. 以詞為單位之最長 5 個語句平均長度（MLU5-w）

請注意：轉換的檔案須為人工斷詞後的內容，需後面包含詞性（例如：(Na)）方能轉換。

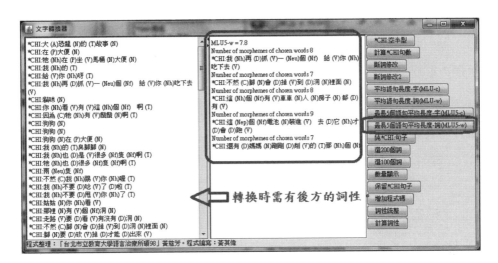

（三）選取詞類分析樣本

請從完成人工修正後的「以詞為單位的 100 個有效語句」中選取 200 個或 100 個詞彙，建議典型發展兒童選取 200 個詞，發展遲緩兒童選取 100 個詞。詞數的取法說明如下：

1. 典型發展兒童：將 100 個有效語句中所有的詞平分成三等分，第一等分取前 60 個詞，第二等分取前 70 個詞，第三等分取前 70 個詞，合計共 200 個詞。

2. 發展遲緩兒童：將 50～100 個有效語句中所有的詞平分成三等分，第一等分取前 30 個詞，第二等分取前 35 個詞，第三等分取前 35 個詞，合計共 100 個詞。

　　由於用語言樣本中全部之相異詞進行分析太過耗時，因此隨機選取部分詞彙進行分析，使用以下方式選取詞彙之樣本較具代表性，信度高，但是仍可依研究目的自行決定。

　　此部分可使用 AssistClan 2.2【選 200 個詞】及【選 100 個詞】之功能，選取詞類分析之樣本。請將「以詞為單位的 100 個有效語句」貼在左框，使用【選 200 個詞】鍵或【選 100 個詞】鍵即可。

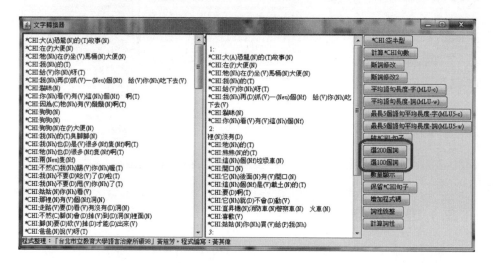

（四）計算實詞、虛詞、各種詞類數量

　　將選出的 100 個詞或 200 個詞，依上述「詞性分類與中文斷詞系統標記之對照表」，計算出實詞和虛詞的數量，並填入【CLSA 基礎分析結果彙整表】中之「計算實詞及虛詞數量」部分。實詞及虛詞的計算可利用 AssistClan 2.2 之【數量顯示】功能進行，將剛才選擇的 100 個詞或 200 個詞貼在 AssistClan 2.2 左框，使用【計算詞性】功能，即可計算實詞、虛詞，以及各類詞性的數量及百分比。並將各種詞類數及所占百分比填入【CLSA 基礎分析結果彙整表】中之「計算各詞類數」部分。

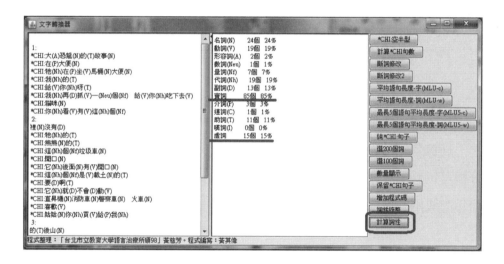

詞類		100 個詞中之詞類數	200 個詞中之詞類數
實詞	名詞（N）	24	57
	動詞（V）	19	31
	形容詞（A）	2	3
	數詞（Neu）	1	2
	量詞（Nf）	7	14
	代詞（Nh）	19	31
	副詞（D）	13	25
	合　計	**85（85%）**	**163（81.5%）**
虛詞	介詞（P）	3	8
	連詞（C）	1	5
	助詞（T）	11	24
	嘆詞（I）	0	0
	合　計	**15（15%）**	**37（18.5%）**

　　將各種詞類數及所占百分比填入【CLSA 基礎分析結果彙整表】中之「計算各詞類數」部分。以下為一個逐句分析詞類的範例。由這樣的分析可以看出，兒童在不同詞性的分類所對應使用的詞彙，以及詞彙在語句中使用的正確性。

【兒童 100 個有效語句使用詞類分析】

情境一		詞類分析											
語句轉錄		詞數	實詞數							虛詞數			
編號	兒童語句		名	動	形	數	量	代	副	介	連	助	嘆
1	大(A)恐龍(N)的(T)故事(N)	4	2		1							1	
2	在(P)大便(N)	2	1							1			
3	他(Nh)在(P)坐(V)馬桶(N)大便(N)	5	2	1				1		1			
4	我(Nh)的(T)	2						1				1	
5	給(V)你(Nh)呀(T)	3		1				1				1	
6	我(Nh)再(D)抓(V)一(Neu)個(Nf)給(V)你(Nh)吃下去(V)	8		3		1	1	2	1				
7	貓咪(N)	1	1										
8	你(Nh)看(V)有(V)這(Nh)個(Nf)啊(T)	6		2			1	2				1	
9	因為(C)他(Nh)有(V)鬍鬚(N)啊(T)	5	1	1				1			1	1	
10	狗狗(N)	1	1										
11	狗狗(N)	1	1										
12	狗狗(N)在(P)大便(N)	3	2							1			
13	我(Nh)的(T)臭腳腳(N)	3	1					1				1	
14	我(Nh)也(D)是(V)很多(Nf)隻(Nf)啊(T)	6		1			2	1	1			1	
15	牠(Nh)也(D)很多(Nf)隻(Nf)啊(T)	5					2	1	1			1	
16	兩(Neu)隻(Nf)	2					2						
17	不然(C)我(Nh)踢(V)你(Nh)喔(T)	5		1				2			1	1	
18	我(Nh)不要(D)唸(V)了(D)啦(T)	5		1				1	2			1	

	情境一		詞類分析											
	語句轉錄	詞數	實詞數							虛詞數			
編號	兒童語句		名	動	形	數	量	代	副	介	連	助	嘆
19	我(Nh)不要(D)甩(V)你(Nh)了(T)	5		1				2	1			1	
20	姑姑(N)你(Nh)看(V)	3	1	1				1					
21	那裡(N)有(V)個(Nf)洞(N)	4	2	1			1						
22	走路(V)要(D)看(V)有沒有(D)洞(N)	5	1	2					2				
23	不然(C)腳(N)會(D)掉(V)到(D)洞(N)裡面(N)	7	3	1					2		1		
24	腳(N)要(D)砍掉(V)才能(D)出來(V)	5	1	1					3				
25	爸爸(N)說(V)呀(T)	3	1	1								1	
26	姑姑(N)你(Nh)看(V)	3	1	1				1					
27	這(Nh)個(Nf)有(V)車車(N)人(N)房子(N)都(D)有(V)	8	3	2			1	1	1				
28	這(Nep)個(Nf)電池(N)裝進(V)去(D)他(Nh)才(D)會(D)跑(V)	9	1	2			1	2	3				
29	沒有(D)	1							1				
30	我(Nh)家(N)裡(N)沒有(D)	4	2					1	1				
31	他(Nh)的(T)	2						1				1	
32	熊熊(N)的(T)	2	1									1	
33	這(Nh)個(Nf)垃圾車(N)	3	1				1	1					
34	開口(N)	1	1										
35	他(Nh)後面(N)有(V)開口(N)	4	2	1				1					
36	這(Nh)個(Nf)是(V)載土(N)的(T)	5	1	1			1	1				1	
37	要(D)啊(T)	2							1			1	
38	他(Nh)就(D)不會(D)動(V)	4		1				1	2				
39	直昇機(N)	1	1										
40	喜歡(V)	1		1									
41	姑姑(N)你(Nh)買(V)給(P)我(Nh)好不好(A)	6	1	1	1			2		1			
42	因為(C)我(Nh)沒有(V)啊(T)	4		1				1			1	1	
43	車車(N)	1	1										

| 情境二 | | 詞類分析 | | | | | | | | | | | |
| 語句轉錄 | | 詞數 | 實詞數 | | | | | | | 虛詞數 | | | |
編號	兒童語句		名	動	形	數	量	代	副	介	連	助	嘆
44	車車(N)跟(C)養樂多(N)都(D)要(D)（跟(P)要人工修正為(C)）	5	2						2		1		
45	這(Nh)個(Nf)是(V)放(V)積木(N)的(T)	6	1	2			1	1				1	
46	你(Nh)下次(D)要(D)找(V)給(P)	6		1				2	2	1			
47	草莓(N)的(T)	2	1									1	
48	草莓(N)的(T)養樂多(N)	3	2									1	
49	大瓶(N)的(T)	2	1						1			1	
50	我(Nh)要(D)大瓶(N)的(T)	4	1					1	1			1	
51	大瓶(N)的(T)啦(T)	3	1									2	
52	這(Nh)是(V)給(P)阿媽(N)的(T)	5	1	1				1		1		1	
53	我(Nh)拿(V)著(D)啊(T)	4		1				1	1			1	
54	不要(D)在(P)這裡(N)喝(V)	4	1	1					1	1			
55	我(Nh)躲(V)哥哥(N)的(T)球(N)	5	2	1				1				1	
56	就(D)跌倒(V)了(T)	3		1					1			1	
57	不要(D)	1							1				
58	會(D)痛(A)	2			1				1				
59	一下子(D)就(D)好(A)喔(T)	4			1				2			1	
60	好痛(A)喔(T)	2			1							1	
61	不要(D)用(V)了(T)	3		1					1			1	
62	早(D)知道(V)就(D)不要(D)用(P)消毒(N)（消毒視為N）	6	1	1					3	1			
63	王建民(N)	1	1										
64	假裝(V)的(T)	2		1								1	
65	我(Nh)沒有(D)看(V)路(N)就(D)摔倒(V)	6	1	2				1	2				
66	在(P)阿姨(N)家(N)的(T)後山(N)	5	3							1		1	
67	因為(C)我(Nh)沒有(D)看(V)路(N)	5	1	1				1	1		1		

情境三		詞數	詞類分析										
語句轉錄			實詞數							虛詞數			
編號	兒童語句		名	動	形	數	量	代	副	介	連	助	嘆
68	路(N)很(D)陡(A)	3	1		1				1				
69	會(D)摔下去(V)	2		1					1				
70	要(D)小心(V)	2		1					1				
71	這(Nh)個(Nf)已經(D)玩(V)過(D)了(T)	6		1			1	1	2			1	
72	代表(V)玩(V)過(D)了(T)	4		2					1			1	
73	這(Nh)個(Nf)沒有(D)	3					1	1	1				
74	剛才(N)媽媽(N)用(V)的(T)那(Nh)個(Nf)	6	2	1			1	1				1	
75	我們(Nh)家(N)有(V)	3	1	1				1					
76	我(Nh)要(D)尿尿(V)	3		1	1				1				
77	蘋果(N)	1	1										
78	還有(D)媽媽(N)剛剛(D)削(V)的(T)那(Nh)個(Nf)	7	1	1			1	1	2			1	
79	芒果(N)	1	1										
80	在(P)電風扇(N)那裡(N)	3	2							1			
81	喜歡(V)	1		1									
82	要(D)看看(V)有(V)沒有(D)籽(N)	5	2	1					2				
83	西瓜(N)	1	1										
84	西瓜(N)在(P)這裡(N)	3	2							1			
85	香蕉(N)	1	1										
86	香蕉(N)在(P)這裡(N)	3	2							1			
87	草莓(N)	1	1										
88	草莓(N)在(P)這裡(N)	3	2							1			
89	奇異果(N)在(P)這裡(N)	3	2							1			
90	可是(C)這(Nh)個(Nf)我(Nh)不會(D)唸(V)	6		1			1	2	1		1		
91	冰淇淋(N)	1	1										
92	冰淇淋(N)是(V)哪(Nh)一(Neu)個(Nf)啊(T)	6	1	1		1	1	1				1	
93	在(P)哪裡(Nh)啊(T)	3						1		1		1	
94	這(Nh)個(Nf)已經(D)玩完(V)了(D)	5		1			1	1	2				

情境三		詞類分析											
語句轉錄		詞數	實詞數							虛詞數			
編號	兒童語句		名	動	形	數	量	代	副	介	連	助	嘆
95	我(Nh)只(D)講(V)一(Neu)遍(Nf)	5		1		1	1	1	1				
96	然後(C)就(D)不(D)講(V)了(D)	5		1					3		1		
97	從(P)哪裡(Nh)出去(V)呀(T)	4	1	1						1		1	
98	可是(C)你(Nh)出(V)不(D)出去(V)呀(T)	6		2				1	1		1	1	
99	因為(C)我(Nh)把(P)你(Nh)關起來(V)了(T)	6		1				2		1	1	1	
100	整個(Nh)都(D)關起來(V)了(T)	4		1			1		1			1	
	合計	368	86	65	6	3	23	53	65	16	9	42	0

六、CLSA 基礎分析結果彙整表

在分析所有指標後，將各指標數值統整記錄於【CLSA 基礎分析結果彙整表】，範例如下。

【CLSA 基礎分析結果彙整表】

兒童語言樣本各指標		分析結果		
一、計算總字數及總詞數		總字數	519	
		總詞數	319	
三、計算實詞和虛詞數量		二、計算各種詞類數（200 個詞）	個數	百分比（%）
實詞	163	名詞（N）	57	28.5
		動詞（V）	31	15.5
		形容詞（A）	3	1.5
		數詞（Neu）	2	1.0
		量詞（Nf）	14	7.0
		代詞（Nh）	31	15.5
		副詞（D）	25	12.5
		實詞之總百分比	81.5%	
虛詞	37	介詞（P）	8	4.0
		連詞（C）	5	2.5
		助詞（T）	24	12.0
		嘆詞（I）	0	0.0
		虛詞之總百分比	18.5%	
四、計算字彙多樣性／詞彙多樣性		VOCD-c	66.88	
		VOCD-w	66.42	
五、計算平均語句長度（MLU）		MLU-c	5.19	
		MLU-w	3.66	
六、計算最長 5 個語句平均長度（MLU5）		MLU5-c	10.40	
		MLU5-w	7.80	

參、總結

　　過去文獻曾提出許多兒童語言樣本分析的指標以及不同語言樣本分析的方式，讀者可依不同目的依循蒐集轉錄之原則進行分析。本章介紹蔡宜芳（2009）經過統計考驗的研究，並在手冊中提供所建立信效度之分析指標，包含：平均語句長度（MLU）、最長 5 個句子平均長度（MLU5）、詞彙多樣性（VOCD），以及詞類分析等分析方式，建議初步進行語言樣本分析之讀者可參考使用。在進行分析時，首先應進行有效語句之判定，並選取 100 個有效語句，本章提供選取 100 個有效語句之原則。接著，再依不同的計算單位，以字和以詞，整理兩個 100 句語言樣本檔案，使之符合 CHAT 之轉錄格式。讀者可使用 AssistClan 2.2 之功能進行 CHAT 轉錄格式整理的工作。以詞為單位的 100 個有效語句需進行斷詞之工作，本手冊介紹「中文斷詞系統」之使用方法，以及人工斷詞修正之原則。之後，讀者可依照本章所提供之方法，使用 CLAN 及 AssistClan 2.2 進行各指標之分析，在分析所有指標後，再將各指標數值統整記錄於【CLSA 基礎分析結果彙整表】。

第五章

華語兒童語言樣本分析
（CLSA）基礎分析範例

本章將以個案的方式，實際說明「華語兒童語言樣本分析」（CLSA）的基本分析流程，共分為四個步驟，分別為：兒童語言樣本蒐集、兒童語言樣本轉錄、兒童語言樣本指標分析，以及撰寫兒童語言樣本分析結果。初學語言樣本分析者，可依循下頁的流程圖逐步練習，以習得完整的語言樣本分析流程。

華語兒童語言樣本分析（CLSA）基礎分析流程圖

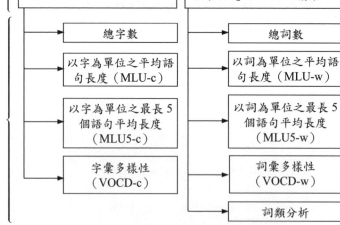

第一步
兒童語言樣本蒐集

> **蒐集語言樣本**
> 利用【個案基本資料表】建立兒童的基本資料，然後使用
> CLSA 提供的情境與兒童進行對談。

第二步
兒童語言樣本轉錄

> **轉錄語言樣本**
> 將四個情境的語言樣本檔案轉錄到【CLSA 收錄表】與
> 【CLSA 轉錄表】。

> **選取 100 個有效語句**
> 從【CLSA 轉錄表】中，選出 100 個有效語句（語言發展遲緩
> 兒童，至少選取 50～75 個有效語句），在每個語句前加上
> CHAT 程式碼「*CHI」。

> **以字為單位的 100 個有效語句**
> 將「加入*CHI 的 100 個有效語句」字間空半格，儲存成「以字為單位的 100 個有效語句.cha」之 CLAN 檔案。

> **以詞為單位的 100 個有效語句**
> 將「加入*CHI 的 100 個有效語句」進行斷詞、人工斷詞修正以及詞性統整後，儲存成「以詞為單位的 100 個有效語句.cha」之 CLAN 檔案。

第三步
兒童語言樣本指標分析

> 總字數

> 以字為單位之平均語句長度（MLU-c）

> 以字為單位之最長 5 個語句平均長度（MLU5-c）

> 字彙多樣性（VOCD-c）

> 總詞數

> 以詞為單位之平均語句長度（MLU-w）

> 以詞為單位之最長 5 個語句平均長度（MLU5-w）

> 詞彙多樣性（VOCD-w）

> 詞類分析

第四步
撰寫兒童語言樣本分析結果

> **撰寫兒童語言樣本分析結果**
> 將兒童語言樣本指標分析的結果，
> 填入【CLSA 基礎分析結果彙整表】。

壹、兒童語言樣本蒐集

一、建立兒童基本資料

　　個案黃丁丁（化名），收錄者利用【個案基本資料表】與家長進行訪談後，得知丁丁的健康情形良好，是一位語言發展正常的 4 歲 1 個月小男生，其家中有四位成員，分別為父親、母親、哥哥及丁丁。媽媽為丁丁的主要照顧者，家中的主要語言為國語。家長表示，目前丁丁已進入幼兒園半年，在家裡與在學校中，和家人、老師與同學的互動都很不錯，會主動與他人說話，他人也大致都聽得懂丁丁在說什麼（詳見下表）。

【個案基本資料表】

姓名	黃丁丁	性別	☑男 □女	就讀學校	☑幼兒園 □早療或特教機構 □無	
第一次收錄日期		民國○○年		8 月		10 日
出生日期		民國○○年		7 月		9 日
實足年齡		4 歲		1 月		

家庭狀況	◎家中排行：□老大 □中間 ☑最小 ◎主要照顧者教育程度：□父 ☑母 □其他＿＿＿＿＿ 　□高中職以下 □專科畢業 ☑大學畢業 □碩士 □博士 ◎主要經濟來源者的職業：電腦工程師 ◎主要使用語言：□國 ☑國+台 □國+客 □客 □台 　□國+外語 □其他 ◎雙親國籍：☑均為本國籍 □其中一方為本國籍 □其他 ◎領有殘障手冊： 　☑無 □有（障礙程度：□輕 □中 □重　類別＿＿＿＿） ◎主要聯絡人：母　聯絡電話（H）02-23123456（手機）0912345678
其他特殊事項	1.健康情形良好。 2.母親表示，丁丁和家人、老師與同學的互動都很不錯，會主動與他人說話，他人也大致聽得懂他說的話。

二、蒐集語言樣本前的準備

　　在了解兒童的基本資料後，收錄者需請家長事先準備語言樣本分析所需的誘發材料（例如：丁丁學校活動的照片、喜歡的書本、玩具等），並請家長向丁丁預告會有老師到家中與他聊天、玩好玩的遊戲，以及說故事給他聽。

在場地與儀器方面，與家長討論後，決定在兒童家中客廳的茶几區進行語言樣本之蒐集，以方便收錄者與兒童進行面對面對談。

三、進行語言樣本蒐集

在進行語言樣本收錄前，丁丁對於不認識的收錄者，顯得些微怕生，因此在架設好錄音、錄影設備後，先由家長陪伴丁丁與收錄者一起玩遊戲（可參考本書第 28 頁的「收錄樣本前的互動」）。大約五分鐘後，丁丁便與收錄者建立關係，且自在愉快的與收錄者對談。此時，便告知丁丁要一起玩說話的闖關遊戲，老師要錄下來他講多少話，說愈多愈厲害，而家長便離開到別處，留丁丁與收錄者進行語言樣本蒐集的流程。

在語言樣本蒐集的過程中，收錄者遵循 CLSA 建議之互動原則（可參考本書第 34～36 頁的「互動原則與技巧」）與兒童進行對談，其對談內容則依循 CLSA 建議的四個情境內容：聊學校生活、說小紅帽的故事、玩遊戲、聊居家生活（可參考本書第 30～34 頁的「引導方式建議」）。

收錄者先利用家長所提供的學校同學與活動照片與丁丁開始聊情境一（學校生活）的內容，大約收錄 10 分鐘後，收錄者拿出小紅帽的故事進行情境二（說故事）的語言樣本蒐集，收錄者先說一次故事給丁丁聽，之後再由丁丁重述一次。收錄完情境一與情境二後，讓丁丁休息一下，吃點心與上廁所，以避免個案過度疲累，並預告等一下可以玩玩具。待丁丁休息完畢後，便拿出他喜歡的積木與兒童進行情境三（玩玩具）的活動；約 10 分鐘後，將玩具收起來與兒童進行情境四（居家生活）的交談。四個情境收錄完畢後，即完成所有的語言樣本蒐集流程，收錄者便與家長一起誇獎丁丁完成所有的說話遊戲。

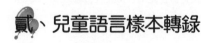

貳、兒童語言樣本轉錄

一、轉錄語言樣本

在蒐集完兒童的語言樣本後，便可將蒐集到的語言樣本之錄影／錄音檔內容播出來，以便進行影像與語音逐字轉錄成文字的流程。

本次蒐集的語言情境有四個，需將四個階段的資料分別填入【CLSA收錄表】與【CLSA轉錄表】（可參考本書第42～43頁的「語句轉錄格式」）。另外，兒童語句的轉錄須符合斷句規則（可參考本書第38～40頁的「『語句』斷句規則」），並標記無效語句（可參考本書第40～41頁的「無效語句定義」）與代碼（可參考本書第43頁的「【CLSA轉錄表】代碼使用規則」），以方便後續的語言樣本之分析。丁丁的【CLSA收錄表】與【CLSA轉錄表】如下表所示。

【CLSA 收錄與轉錄表：情境一】

【CLSA 收錄表】

收錄者：　黃小玲　　　　　　　　　　個案編號：　0405

個案姓名	黃丁丁	性別	☑男　□女	生日	民國○年7月9日
收錄情境	☑情境一：聊學校生活　□情境二　　□情境三　　□情境四				
錄影／錄音檔名	語言樣本錄影檔 0405-1 語言樣本錄音檔 0405-1				
收錄地點	客廳		互動形式	☑交談　□自由遊戲　□敘事	
收錄日期	民國○年8月10日	收錄時間	13時00分～13時10分／共10分		
誘發題材	學校活動照片	兒童總語句數	30	有效語句數	22
參與人員	☑兒童（C）　　☑收錄者（E）黃小玲（姓名）　　□媽媽（M） □爸爸（D）　　□老師（T）　　□其他（代號）_____				
紀錄方式	☑攝影機　☑錄音筆　□其他錄音設備　□其他_____				
＊需要引導協助	☑很少（幾乎不需要引導）　□有時（2～5次） □經常（6～9次）　□總是				
＊兒童焦慮情形	無				
＊其他特殊情況					

【CLSA 轉錄表】

轉錄者：　黃小玲　　　　　　　　　　　　　個案編號：　　0405　

編號	成人／其他說者的語句	語境（非口語的訊息）	編號	兒童語句
E1	你在學校的時候都跟誰玩啊？	E拿出C學校同學的照片。		
			1	跟我的同學玩啊！
E2	有誰啊？			
			2	小雨。(---)：省略性答覆
			3	小花。(---)：省略性答覆
		C抬頭，眼睛往上看，口中默唸一些語音，像是在思考。	4	我。(---)：省略性答覆
E3	哇！有2個同學喜歡跟你玩耶！			
		C抬頭，眼睛往上看，口中默唸一些語音，像是在思考。	5	就這樣啊！
			6	品品和萱萱。
		C手摸嘴巴。	7	我記得就_____。(---)：不完整的語句
E4	這麼多同學啊！			
			8	嗯。(---)：省略性答覆
E5	你們都玩什麼遊戲啊？			
			9	嗯。(---)：省略性答覆

編號	成人／其他說者的語句	語境（非口語的訊息）	編號	兒童語句
		C 抬頭，眼睛往上看，口中默唸一些語音，像是在思考。	10	那邊有些玩具。
E6	什麼玩具？我好想知道喔！			
			11	就是_____。(---)：不完整語句
		C 一邊說一邊看著學校的照片。	12	煮東西的啊！
E7	哇！你是小廚師耶！你煮什麼呢？			
			13	有煮義大利麵和湯湯。
			14	還有果汁。
E8	真好，要怎麼煮義大利麵啊？			
			15	把麵麵煮一煮就可以了。
			16	還要加肉醬。
		C 突然想分享從學校回家的事。	17	（有時）有時候會直接回家。
E9	你自己回家嗎？			
			18	不是。(---)：省略性答覆
			19	我媽媽陪我一起回家。
E10	真好，你媽媽都會來接你呢！			
E11	你都幾點的時候回家？			

編號	成人／其他說者的語句	語境（非口語的訊息）	編號	兒童語句
			20	七點。(---)：省略性答覆
			21	如果超過會遲到。
E12	你在學校上這麼久的課啊？			
		C想說從幼兒園下課後去才藝班的事。	22	從六點開始。
E13	那是什麼課啊？			
		C很開心的說。	23	從七點如果超過就開始了。
E14	謝謝你告訴我。			
E15	那是上什麼課呢？			
		C手比出打鼓的動作。	24	打鼓的課。
E16	好好玩的樣子。			
E17	老師都教你們什麼啊？			
			25	有時候會唱歌。
			26	有時候會跳舞。
			27	有時候會拍東西。
E18	你好厲害喔！			
E19	你表演什麼？	C轉頭想分享他升中班的事。		
		C手打開比出長大的手勢。	28	以後就要長大了。
			29	以後就幼一啦！
E20	真的啊！			
		C露出得意的表情。	30	就長大了。

【CLSA 收錄與轉錄表：情境二】

【CLSA 收錄表】

收錄者：　黃小玲　　　　　　　　　　個案編號：　0405

個案姓名	黃丁丁		性別	☑男　□女	生日	民國○○年7月9日
收錄情境	□情境一　☑情境二：說小紅帽的故事　□情境三　□情境四					
錄影／錄音檔名	語言樣本錄影檔 0405-2 語言樣本錄音檔 0405-2					
收錄地點	客廳		互動形式	□交談　□自由遊戲　☑敘事		
收錄日期	民國○○年8月10日		收錄時間	13時10分～13時25分／共15分		
誘發題材	小紅帽故事書	兒童總語句數		34	有效語句數	32
參與人員	☑兒童（C）　　☑收錄者（E）黃小玲（姓名）　　□媽媽（M） □爸爸（D）　　□老師（T）　　□其他（代號）＿＿＿					
紀錄方式	☑攝影機　☑錄音筆　□錄音帶　□其他＿＿＿＿					
＊需要引導協助	☑很少（幾乎不需要引導）　□有時（2～5次） □經常（6～9次）　□總是					
＊兒童焦慮情形	無					
＊其他特殊情況						

【CLSA 轉錄表】

轉錄者： 黃小玲　　　　　　　　個案編號： 0405

編號	成人／其他說者的語句	語境（非口語的訊息）	編號	兒童語句
E1	好，現在換你說說看剛剛老師說的故事喔！	E 跟 C 說完小紅帽的故事後，將小紅帽的故事放在 C 的面前。		
			1	說全部嗎？
E2	對啊！你可以看圖片說喔！			
			2	這個是小紅帽嗎？
E3	對，這是小紅帽，故事小高手開始吧！	E 將小紅帽的故事翻到第 1 頁，並用鼓勵的眼神看著 C。		
		C 看著圖片。	3	有一天。
			4	有一個小紅帽。
			5	媽媽跟小紅帽說外婆生病了。
		C 指著圖片上的小紅帽。	6	然後小紅帽就說我帶一點水果去給外婆吃。
E4	然後呢？			
		E 幫 C 翻頁。	7	他就遇到了大野狼。
			8	他就說你要去哪裡。
			9	然後就說我要去找外婆。
		E 幫 C 翻頁，C 看了一下圖片，停下來 2 秒。	10	大野狼他就（說）說。
			11	他就敲門。
			12	我是小紅帽。
			13	然後他就進來。

編號	成人／其他說者的語句	語境（非口語的訊息）	編號	兒童語句
			14	外婆就開門了。
E5	喔喔！糟糕了！	E 做出害怕的樣子。		
		C 假裝成大野狼，伸出手要抓 E。	15	然後他就說我要把你吃掉。
		C 看著圖片，然後摸自己的眼睛。	16	（然後）（然後呢）然後他說你的眼睛怎麼有點奇怪呢？
E6	喔喔，這是什麼眼睛呀！			
			17	我＿＿。(---)：不完整語句
		C 一邊說一邊手叉腰。	18	然後我的眼睛大大的嘛！（「然後」無意義，視為無效的插入語，故原句改為：我的眼睛大大的嘛！）
		E 繼續看著 C。	19	你的耳朵怎麼好奇怪？
		C 一邊說一邊拉自己的耳朵。	20	我的耳朵很大啊！
			21	很大的。
		C 一邊說一邊把手打開。	22	你的手怎麼那麼大啊！
		C 的聲音變大然後往 E 身上撲去。	23	我的手很大才能抱住你啊！
E7	哇！嚇死我了！救命啊！然後呢？我好擔心喔！	E 做出嚇一跳的表情，然後比著圖片上的大野狼，想請 C 繼續說下去。		
		C 看著圖片說。	24	然後（他就把）他就把他吃掉了。

編號	成人／其他說者的語句	語境（非口語的訊息）	編號	兒童語句
			25	他吃掉了。
		E 幫 C 翻頁。 C 看著圖片說。	26	獵人就發現大野狼的打瞌睡的聲音了。
		C 停頓 4 秒，自己翻下一頁。		
			27	大 野 狼___。(---)：不完整語句
			28	（那個）那個獵人就把大野狼的肚子剪開來了。
E8	救出了誰？	E 將手打開表示疑問？		
			29	救出了小紅帽跟外婆。
		C 自己往下翻一頁。		
E9	喔喔，你看！	E 比著圖片，等待 C 繼續說。		
			30	他們就把一堆石頭搬到大野狼的肚子裡面。
E10	大野狼肚子裡都是石頭了！	E 回應 C 說的話。		
		C 看著 E 繼續說。	31	把他升起來。
		C 看著圖片一邊說。	32	（他）（他）他的肚子怎麼那麼大啊！
			33	他就摔進去很多水水的裡面了。
		C 看著 E 說，表情開心。	34	他就死掉了。
E11	哇！你太厲害了！自己說完一個故事了！	E 幫 C 拍拍手，C 很開心地笑了。		

【CLSA 收錄與轉錄表：情境三】

【CLSA 收錄表】

收錄者：　黃小玲　　　　　　　　　　　　　個案編號：　0405

個案姓名	黃丁丁	性別	☑男　□女	生日	民國〇年 7 月 9 日
收錄情境	□情境一　　□情境二　　☑情境三：玩玩具　　□情境四				
錄影／錄音檔名	語言樣本錄影檔 0405-3 語言樣本錄音檔 0405-3				
收錄地點	客廳	互動形式	□交談　□自由遊戲　☑敘事		
收錄日期	民國〇年 8 月 10 日	收錄時間	13 時 40 分～13 時 55 分／共 15 分		
誘發題材	疊疊樂積木、兒童棒球組	兒童總語句	30	有效語句數	23
參與人員	☑兒童（C）　　☑收錄者（E）黃小玲（姓名）　　□媽媽（M） □爸爸（D）　□老師（T）　□其他（代號）＿＿＿＿＿＿				
紀錄方式	☑攝影機　☑錄音筆　□錄音帶　□其他＿＿＿＿＿				
＊需要引導協助	☑很少（幾乎不需要引導）　□有時（2～5 次） □經常（6～9 次）　□總是				
＊兒童焦慮情形	無				
＊其他特殊情況					

【CLSA 轉錄表】

轉錄者：　黃小玲　　　　　　　　　　　個案編號：　0405

編號	成人／其他說者的語句	語境（非口語的訊息）	編號	兒童語句
		休息過後，C與E回到客廳坐下來。		
E1	你最喜歡哪一個玩具啊？可不可以借我看一下？			
		C用眼睛看了一下客廳四周，用手比了他的球屋。		
E2	那有沒有小一點的玩具？可以借我玩嗎？			
		孩子往桌子底下找，拿出疊疊樂。	1	裡面有一個。
			2	有一些。
			3	這個啦！
E3	原來是疊疊樂啦！			
E4	你可以教我怎麼玩嗎？	C把積木倒在桌上，然後看了一下盒子上的說明。		
			4	不知道耶！(---)：省略性答覆
E5	哇，都倒了耶！	E比了下倒在桌上的積木。		
			5	就把他弄回來啊！
		C拿起積木示範怎麼拼。	6	（四塊）四塊地把他拼回去。
E6	是不是這樣子拼？	E將積木直立往上疊。		
		C看了一下E疊出來的積木。	7	不是。(---)：省略性答覆

編號	成人／其他說者的語句	語境（非口語的訊息）	編號	兒童語句
		C 拿起積木開始示範疊疊樂的疊法。	8	是這樣子拚。
E7	哇！真厲害，你都跟誰玩？	C 笑了一下。		
			9	我跟爸爸有時候會玩可是現在我跟爸爸都沒有再玩了。
E8	為什麼啊？			
		C 繼續疊積木。	10	不想玩了啊！
E9	那你現在都跟爸爸玩什麼呢？			
			11	都在玩打棒球啊！
		C 跑去房間拿了玩具棒球組出來與 E 分享。		
E10	好像很好玩耶！怎麼玩？			
E11	用腳踢對不對？			
			12	不是。(---)：省略性答覆
			13	踢球才用腳踢。
E12	唉呦我又說錯了啦！			
		C 手上抓著球棒，看著 E。	14	嗯。(---)：省略性答覆
E13	那棒球要怎麼玩啊？			
		C 很開心的抓著球棒說話。	15	用手拿著棒子。
			16	另外一個當捕手然後一個人當投手。

編號	成人／其他說者的語句	語境（非口語的訊息）	編號	兒童語句
			17	然後投手投給打擊手。
			18	然後打擊手沒有打到就給捕手接到了。
E14	挖好厲害喔！你怎麼都知道！	E 透露出羨慕的表情，C 很開心的微笑。		
E15	是誰教的啊？			
			19	爸爸。(---)：省略性答覆
E16	那你跟爸爸誰當捕手？			
			20	有時候（誰三振出局）誰三振出局誰就當_____。(---)：中斷
			21	哪一個人三振出局就換哪一個人打。
			22	就換那一個人投了。
E17	所以被三振出局就要換人。			
			23	對。(---)：省略性答覆
E18	那你們打到棒球的時候要不要跑呢？			
		C 把球棒放下來，看著 E 想跟 E 解釋。	24	我們不會跑。
			25	一個是接東西。
			26	接球球。
E19	那你都做什麼？			

編號	成人／其他說者的語句	語境（非口語的訊息）	編號	兒童語句
			27	我都是打的人。
E20	怎麼打？			
		C站起來做出打擊的樣子。	28	這樣子打啊！
E21	哇！你是厲害的打擊手耶！			
			29	我可以把球打很高。
		孩子笑了一下。	30	我都打到雲上面去。

【CLSA 收錄與轉錄表：情境四】

【CLSA 收錄表】

收錄者：　黃小玲　　　　　　　　　　　　　個案編號：　0405

個案姓名	黃丁丁	性別	☑男　□女	生日	民國〇年7月9日
收錄情境	□情境一　□情境二　□情境三　☑情境四：聊居家活動				
錄影／錄音檔名	語言樣本錄影檔 0405-3 語言樣本錄音檔 0405-3				
收錄地點	客廳 || 互動形式	□交談　□自由遊戲　☑敘事		
收錄日期	民國〇年8月10日 || 收錄時間	13時55分～14時05分／共10分		
誘發題材	球屋、電視節	兒童總語句數	36	有效語句數	28
參與人員	☑兒童（C）　　☑收錄者（E）黃小玲（姓名）　　□媽媽（M） □爸爸（D）　　□老師（T）　　□其他（代號）＿＿＿＿＿				
紀錄方式	☑攝影機　☑錄音筆　□錄音帶　□其他＿＿＿＿＿				
＊需要引導協助	☑很少（幾乎不需要引導）　□有時（2～5次） □經常（6～9次）　□總是				
＊兒童焦慮情形	無				
＊其他特殊情況					

【CLSA 轉錄表】

轉錄者： <u>黃小玲</u>　　　　　　　　　　個案編號： <u>0405</u>

編號	成人／其他說者的語句	語境（非口語的訊息）	編號	兒童語句
E1	你在家裡都玩什麼？			
		孩子手比他的球屋。	1	跟哥哥玩。
			2	球屋啊！
			3	我都玩球球。
			4	都把家裡弄髒髒的。
			5	都把家裡弄成一堆玩具。
E2	那怎麼辦？	E 笑了笑。		
			6	晚上就把他們收回去啊！
E3	喔，所以你都是白天的時候在玩啊！			
			7	不是。(---)：省略性答覆
			8	星期日和星期六都沒有在玩。
			9	都星期一到星期五都在玩。
E4	呵呵，一整天都在玩，那會不會玩得很累啊？			
		C 笑笑的說。	10	不會。(---)：省略性答覆
			11	我都會流汗。
E5	這麼熱啊！			
		C 突然想分享其他活動。	13	我還有玩其他的東西混在一起。

141

編號	成人／其他說者的語句	語境（非口語的訊息）	編號	兒童語句
E6	哇好厲害喔，怎麼混啊？			
			14	有時候另外一種還沒收就玩另外一種。
E7	哈哈，你一次玩多樣玩具喔！可以這樣子玩啊！			
		C 笑笑點頭。		
E8	但是你晚上都有把他收好吧？			
			15	對。(---)：省略性答覆
			16	不然東西就會不見了。
E9	你什麼東西不見了啊？			
		C 呈現有點難過的表情。	17	有些東西不見了。
E10	為什麼？.			
			18	因為沒有把他收好啊！
E11	喔，我知道了。所以你後來都有乖乖把玩具收好，對吧！			
			19	對。(---)：省略性答覆
			20	有時候沒有收。
E12	有時候沒有收東西就怎麼樣？			

編號	成人／其他說者的語句	語境（非口語的訊息）	編號	兒童語句
E13	那我們等一下來看電視好了。	E 想再開啟一個話題，C 聽到要看電視就立刻回來座位上坐好。		
E14	你都看什麼電視啊？			
			24	看電視啊。
			25	看第三台的。
E15	是新聞台嗎？			
			26	不是。(---)：省略性答覆
			27	小女警。(---)：省略性答覆
			28	變形小金剛跟傑克與魔王的海盜。
			29	跟米奇妙妙屋。
			30	跟 xx 那個的啊。（ㄐㄧ ㄅㄨㄟ丶）(---)：有字無法聽懂
E16	哇！那你最喜歡哪一個啊？			
			31	我最喜歡看傑克與魔王的海盜跟變形小金剛。
			32	跟小他們三個。（ㄊㄧㄊㄨㄋㄧˇ）(---)：有字無法聽懂
E17	變形小金剛他會變形嗎？			

編號	成人／其他說者的語句	語境（非口語的訊息）	編號	兒童語句
			33	對啊！(---)：省略性答覆
			34	薩克奇最沒有用。
E18	他們都在做什麼？			
			35	他們都會去工作。
E19	他們不是會變形喔？			
			36	要工作他們就會變形。

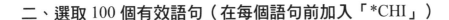

二、選取 100 個有效語句（在每個語句前加入「*CHI」）

（一）選取 100 個有效語句

　　利用【CLSA收錄表】與【CLSA轉錄表】平均選取四個情境中，丁丁說出的 100 個有效語句如下。練習電子檔請詳見光碟：(1)丁丁的 100 個有效語句。

> 跟我的同學玩啊
>
> 就這樣啊
>
> 品品和萱萱
>
> 那邊有些玩具
>
> 煮東西的啊
>
> 有煮義大利麵和湯湯
>
> 還有果汁
>
> 把麵麵煮一煮就可以了
>
> 還要加肉醬
>
> 有時候會直接回家
>
> 我媽媽陪我一起回家
>
> 如果超過會遲到
>
> 從六點開始
>
> 從七點如果超過就開始了
>
> 打鼓的課
>
> 有時候會唱歌
>
> 有時候會跳舞
>
> 有時候會拍東西

以後就要長大了

以後就幼一啦

就長大了

有一個小紅帽

媽媽跟小紅帽說外婆生病了

然後小紅帽就說我帶一點水果去給外婆吃

他就遇到了大野狼

他就說你要去哪裡

然後就說我要去找外婆

大野狼他就說

他就敲門

我是小紅帽

然後他就進來

外婆就開門了

然後他就說我要把你吃掉

然後他說你的眼睛怎麼有點奇怪呢

我的眼睛大大的嘛

你的耳朵怎麼好奇怪

我的耳朵很大啊

很大的

你的手怎麼那麼大啊

我的手很大才能抱住你啊

然後他就把他吃掉了

他吃掉了

獵人就發現大野狼的打瞌睡的聲音了

那個獵人就把大野狼的肚子剪開來了

救出了小紅帽跟外婆

他們就把一堆石頭搬到大野狼的肚子裡面啊

把他升起來

他的肚子怎麼那麼大啊

他就摔進去很多水水的裡面了

他就死掉了

裡面有一個

有一些

這個啦

就把他弄回來啊

四塊地把他拼回去

是這樣子拼

我跟爸爸有時候會玩可是現在我跟爸爸都沒有再玩了

不想玩了啊

都在玩打棒球啊

踢球才用腳踢

用手拿著棒子

另外一個當捕手然後一個人當投手

然後投手投給打擊手

然後打擊手沒有打到就給捕手接到了

哪一個人三振出局就換哪一個人打

就換那一個人投了

我們不會跑

一個是接東西

接球球

我都是打的人

這樣子打啊

我可以把球打很高

我都打到雲上面去

跟哥哥玩

球屋啊

我都玩球球

都把家裡弄髒髒的

都把家裡弄成一堆玩具

晚上就把他們收回去啊

星期日和星期六都沒有在玩

都星期一到星期五都在玩

我都會流汗

玩很久就會流汗

我還有玩其他的東西混在一起

有時候另外一種還沒收就玩另外一種

不然東西就會不見了

有些東西不見了

因為沒有把他收好啊

有時候沒有收

就會不見

可是明天還有在

但如果再明天的話就不見了

看電視啊

看第三台的

變形小金剛跟傑克與魔王的海盜

跟米奇妙妙屋

我最喜歡看傑克與魔王的海盜跟變形小金剛

薩克奇最沒有用

他們都會去工作

要工作他們就會變形

（二）將 100 個有效語句加入「*CHI」

開啟 AssistClan 2.2 後，將 100 個有效語句複製後貼在 AssistClan 2.2 左框中，按下【斷詞修改】鍵，便可將 100 個有效語句前都新增一個「*CHI:」的符號。練習電子檔請詳見光碟：(2)加入 CHI 的 100 個有效語句。

三、將「加入*CHI 的 100 個有效語句」分別處理成兩種單位的檔案

將「加入*CHI 的 100 個有效語句」分別處理並儲存成兩種單位的檔案，分別是「以字為單位的 100 個有效語句」以及「以詞為單位的 100 個有效語句」，兩種單位的檔案可提供 CLAN 和 AssistClan 2.2 做不同單位指標的分析。

（一）「以字為單位的 100 個有效語句」處理流程

1. 開啟 AssistClan 2.2，將「加入*CHI 的 100 個有效語句」之內容複製後，貼在 AssistClan 2.2 左框中，按下【*CHI:空半型】鍵，使每一個字之間空半型。

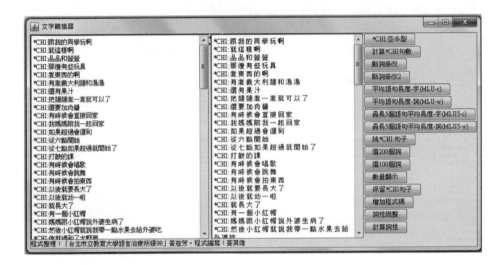

2. 將右框的內容複製後貼在左框中，按下【增加程式碼】鍵，語言樣本上下會新增程式碼。

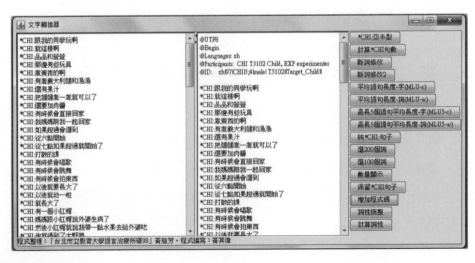

3. 執行 CLAN 程式，開啟一個新的「newfile.cha」之視窗，將 As-
   sistClan 2.2 的右框內容複製後貼至此，便可點選「File」功能，
   選取「Save As」，將檔名存為「以字為單位的 100 個有效語句
   .cha」，此時的檔案格式便是符合 CLAN 程式的 cha 檔。練習電
   子檔請詳見光碟：(3)以字為單位的 100 個有效語句.cha。

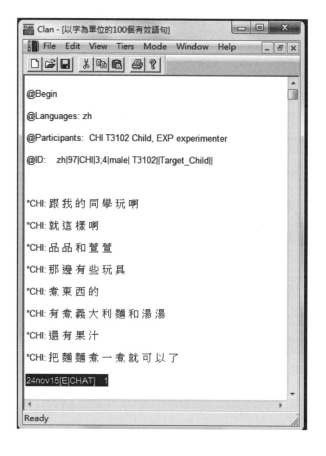

（二）「以詞為單位的 100 個有效語句」處理流程

1. 斷詞分析：連線到「中研院平衡語料庫／中文斷詞系統」（http://ckipsvr.iis.sinica.edu.tw/），點選左欄的【線上展示】，將「加入*CHI 的 100 個有效語句」之內容複製後（練習電子檔請詳見光碟：(2)加入 CHI 的 100 個有效語句），貼到網頁的空白框中，按下【送出】鍵。

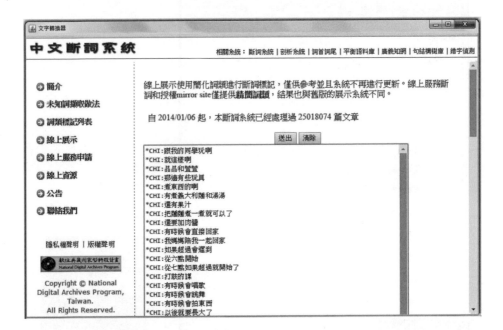

2. 點選【包含未知的斷詞標記結果】鍵，即出現斷詞結果。

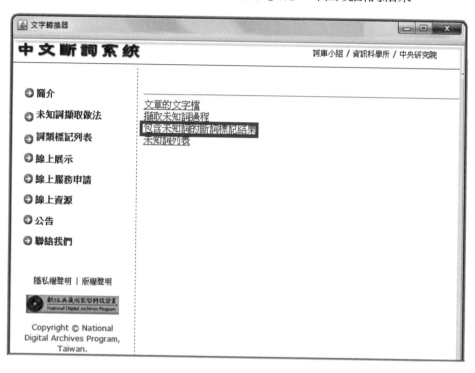

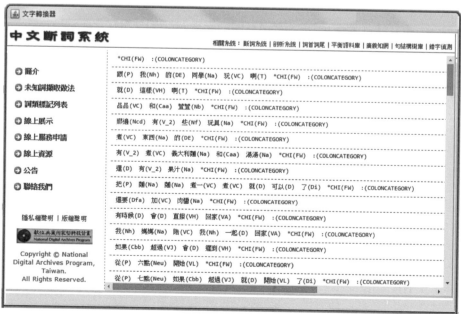

3. 將網頁內容全部複製，並貼在AssistClan 2.2左框中，按下【斷詞修改】鍵，修除虛線及不需要的「*CHI(FW):(COLONCAT-EGORY)」符號，請注意右欄第一行的*CHI須自行刪除。練習電子檔請詳見光碟：(4)中文斷詞系統（已刪除虛線與不需要之符號）。

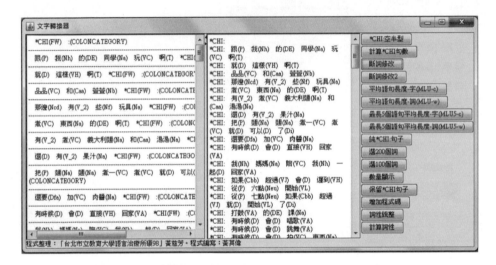

4. 進行人工斷詞修正：將AssistClan 2.2左框處理好之斷詞，進行人工修正，建議可先將斷詞貼在文字檔上，並在上面進行人工斷詞修正，再將修正的詞用灰色底標記起來。人工修正完成的結果如下。練習電子檔請詳見光碟：(5)人工斷詞修正。

*CHI:　　跟(P)　　我(Nh)　　的(T)　　同學(Na)　　玩(VC)　　啊(T)

*CHI:　　就(D)　　這樣(VH)　　啊(T)

*CHI:　　品品(N)　　和(Caa)　　萱萱(Nb)

*CHI:　　那邊(Ncd)　　有(V_2)　　些(Nf)　　玩具(Na)

*CHI:　　煮(VC)　　東西(Na)　　的(T)

*CHI:　　有(V_2)　　煮(VC)　　義大利麵(Na)　　和(Caa)　　湯湯(Na)

*CHI:　　還(D)　　有(V_2)　　果汁(Na)

*CHI: 把(P)　麵麵(N)　煮(V)　一(D)　煮(V)　就(D)　可以(D)　了(T)

*CHI: 還要(Dfa)　加(VC)　肉醬(Na)

*CHI: 有時候(D)　會(D)　直接(VH)　回家(VA)

*CHI: 我(Nh)　媽媽(Na)　陪(VC)　我(Nh)　一起(D)　回家(VA)

*CHI: 如果(Cbb)　超過(VJ)　會(D)　遲到(VH)

*CHI: 從(P)　六點(Neu)　開始(VL)

*CHI: 從(P)　七點(Neu)　如果(Cbb)　超過(VJ)　就(D)　開始(VL)　了(T)

*CHI: 打鼓(VA)　的(T)　課(Na)

*CHI: 有時候(D)　會(D)　唱歌(VA)

*CHI: 有時候(D)　會(D)　跳舞(VA)

*CHI: 有時候(D)　會(D)　拍(VC)　東西(Na)

*CHI: 以後(Nd)　就(D)　要(D)　長大(VH)　了(T)

*CHI: 以後(Nd)　就(D)　幼一(N)　啦(T)

*CHI: 就(D)　長大(VH)　了(T)

*CHI: 有(V_2)　一(Neu)　個(Nf)　小紅帽(Nb)

*CHI: 媽媽(Na)　跟(P)　小紅帽(Nb)　說(VE)　外婆(Na)　生病(VH)　了(T)

*CHI: 然後(C)　小紅帽(Nb)　就(D)　說(VE)　我(Nh)　帶(VC)　一點(Neqa)　水果(Na)　去(D)　給(VD)　外婆(Na)　吃(VC)

*CHI: 他(Nh)　就(D)　遇到(VC)　了(T)　大野狼(N)

*CHI: 他(Nh)　就(D)　說(VE)　你(Nh)　要(D)　去(VCL)　哪裡(Ncd)

*CHI: 然後(C)　就(D)　說(VE)　我(Nh)　要(D)　去(D)　找(VC)　外婆(Na)

*CHI: 大野狼(N)　他(Nh)　就(D)　說(VE)

*CHI: 他(Nh)　就(D)　敲門(VA)

*CHI: 我(Nh)　是(V)　小紅帽(Nb)

*CHI: 然後(C)　他(Nh)　就(D)　進來(VA)

*CHI: 外婆(Na)　就(D)　開門(VA)　了(T)

*CHI: 然後(C) 他(Nh) 就(D) 說(VE) 我(Nh) 要(D) 把(P) 你(Nh) 吃(V) 掉(D)

*CHI: 然後(C) 他(Nh) 說(VE) 你(Nh) 的(T) 眼睛(Na) 怎麼(D) 有點(Dfa) 奇怪(A) 呢(T)

*CHI: 我(Nh) 的(T) 眼睛(Na) 大大(A) 的(T) 嘛(T)

*CHI: 你(Nh) 的(T) 耳朵(Na) 怎麼(D) 好(Dfa) 奇怪(A)

*CHI: 我(Nh) 的(T) 耳朵(Na) 很(Dfa) 大(A) 啊(T)

*CHI: 很(Dfa) 大(A) 的(T)

*CHI: 你(Nh) 的(T) 手(Na) 怎麼(D) 那麼(D) 大(A) 啊(T)

*CHI: 我(Nh) 的(T) 手(Na) 很(Dfa) 大(A) 才能(Na) 抱住(VC) 你(Nh) 啊(T)

*CHI: 然後(C) 他(Nh) 就(D) 把(P) 他(Nh) 吃(V) 掉(D) 了(T)

*CHI: 他(Nh) 吃(V) 掉(D) 了(T)

*CHI: 獵人(Na) 就(D) 發現(VE) 大野狼(N) 的(T) 打瞌睡(VA) 的(T) 聲音(Na) 了(T)

*CHI: 那(Nep) 個(Nf) 獵人(Na) 就(D) 把(P) 大野狼(N) 的(T) 肚子(Na) 剪開來(VA) 了(T)

*CHI: 救出(VC) 了(T) 小紅帽(Nb) 跟(P) 外婆(Na)

*CHI: 他們(Nh) 就(D) 把(P) 一(Neu) 堆(Nf) 石頭(Na) 搬(V) 到(P) 大野狼(N) 的(T) 肚子(Na) 裡面(Ncd)

*CHI: 把(P) 他(Nh) 升起來(VA)

*CHI: 他(Nh) 的(T) 肚子(Na) 怎麼(D) 那麼(D) 大(VH)

*CHI: 他(Nh) 就(D) 摔進去(VB) 很多(D) 水水(N) 的(T) 裡面(Ncd) 了(T)

*CHI: 他(Nh) 就(D) 死(V) 掉(D) 了(T)

*CHI: 裡面(Ncd) 有(V_2) 一(Neu) 個(Nf)

*CHI: 有(V_2) 一些(Neqa)

*CHI: 這(Nep) 個(Nf) 啦(T)

*CHI: 就(D) 把(P) 他(Nh) 弄回來(VC) 啊(T)

*CHI: 四塊(Na) 的(T) 把(P) 他(Nh) 拼(VC) 回去(VA)

*CHI: 　是(V)　這樣子(Nh)　拚(VC)

*CHI: 　我(Nh)　跟(P)　爸爸(Na)　有時候(D)　會(D)　玩(VC)
　　　可是(Cbb)　現在(Nd)　我(Nh)　跟(P)　爸爸(Na)　都(D)
　　　沒有(D)　再(D)　玩(VC)　了(T)

*CHI: 　不(D)　想(VE)　玩(VC)　了(T)

*CHI: 　都(D)　在(D)　玩(VC)　打(V)　棒球(Na)

*CHI: 　踢球(VA)　才(Da)　用(P)　腳(Na)　踢(VC)

*CHI: 　用(P)　手(Na)　拿(VC)　著(Di)　棒子(Na)

*CHI: 　另外(Cbb)　一(Neu)　個(Nf)　當(V)　捕手(Na)　然後(C)
　　　一(Neu)　個(Nf)　人(Na)　當(VG)　投手(Na)

*CHI: 　然後(C)　投手(Na)　投(V)　給(P)　打擊手(Na)

*CHI: 　然後(C)　打擊手(Na)　沒有(D)　打(V)　到(D)　就(D)　給
　　　(VD)　捕手(Na)　接到(VC)　了(T)

*CHI: 　哪(Nep)　一(Neu)　個(Nf)　人(Na)　三振出局(V)　就(D)
　　　換(VC)　那(Nep)　一(Neu)　個(Nf)　人(Na)　打(VC)

*CHI: 　就(D)　換(VC)　那(Nep)　一(Neu)　個(Nf)　人(Na)
　　　投(VC)　了(T)

*CHI: 　我們(Nh)　不會(D)　跑(VA)

*CHI: 　一(Neu)　個(Nf)　是(V)　接(VC)　東西(Na)

*CHI: 　接(VC)　球球(Na)

*CHI: 　我(Nh)　都是(D)　打(VC)　的(T)　人(Na)

*CHI: 　這樣子(Nh)　打(VC)

*CHI: 　我(Nh)　可以(D)　把(P)　球(Na)　打(VC)　很(Dfa)
　　　高(A)

*CHI: 　我(Nh)　都(D)　打(V)　到(D)　雲(Na)　上面(Ncd)　去(P)

*CHI: 　跟(C)　哥哥(Na)　玩(VC)

*CHI: 　球屋(N)

*CHI: 　我(Nh)　都(D)　玩(VC)　球球(Na)

*CHI: 　都(D)　把(P)　家裡(N)　弄(VC)　髒髒(A)　的(T)

*CHI: 　都(D)　把(P)　家裡(N)　弄成(VG)　一(Neu)　堆(Nf)
　　　玩具(Na)

157

*CHI: 晚上(Nd) 就(D) 把(P) 他們(Nh) 收回去(VC) 啊(T)

*CHI: 星期日(Nd) 和(C) 星期六(Nd) 都(D) 沒有(D) 在(D) 玩(VC) a

*CHI: 都(D) 星期一(Nd) 到(P) 星期五(Nd) 都(D) 在(D) 玩(VC)

*CHI: 我(Nh) 都(D) 會(D) 流汗(VA)

*CHI: 玩(VC) 很久(D) 就(D) 會(D) 流汗(VA)

*CHI: 我(Nh) 還(D) 有(V_2) 玩(VC) 其他(Neqa) 的(T) 東西(Na) 混在一起(V)

*CHI: 有時候(D) 另外(Da) 一(Neu) 種(Nf) 還(D) 沒(D) 收(V) 就(D) 玩(VC) 另外(Da) 一(Neu) 種(Nf)

*CHI: 不然(Cbb) 東西(Na) 就(D) 會(D) 不見(V) 了(T)

*CHI: 有(V_2) 些(Nf) 東西(Na) 不見(V) 了(T)

*CHI: 因為(Cbb) 沒有(D) 把(P) 他(Nh) 收好(VC) 啊(T)

*CHI: 有時候(D) 沒有(D) 收(VC)

*CHI: 就(D) 會(D) 不見(VH)

*CHI: 可是(Cbb) 明天(Nd) 還(D) 有(V_2) 在(D)

*CHI: 但(Cbb) 如果(Cbb) 再(D) 明天(Nd) 的話(D) 就(D) 不見(V) 了(T)

*CHI: 看(VC) 電視(Na)

*CHI: 看(VC) 23(N) 台(N) 的(T)

*CHI: 變形小金剛(N) 跟(P) 傑克與魔王的海盜(N)

*CHI: 跟(P) 米奇妙妙屋(N)

*CHI: 我(Nh) 最(Dfa) 喜歡(VK) 看(VC) 傑克與魔王的海盜(N) 跟(Caa) 變形小金剛(N)

*CHI: 薩克奇(Nb) 最(Dfa) 沒有(D) 用(N)

*CHI: 他們(Nh) 都(D) 會(D) 去(VCL) 工作(Na)

*CHI: 要(D) 工作(VA) 他們(Nh) 就(D) 會(V) 變形(VH)

5. 詞性統整：將以上人工修正後的內容貼在AssistClan 2.2左框，按
【詞性統整】鍵，右框即顯示統整好的內容。

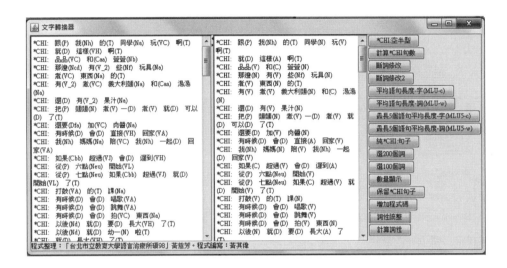

6. 將右框的內容複製後貼在左框中，按下【增加程式碼】鍵，語言
樣本上下會新增程式碼，讓CLAN能夠運行。

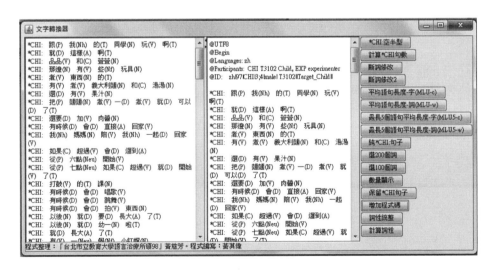

7. 執行 CLAN 程式，開啟一個新的「newfile.cha」之視窗，將 Assistclan 2.2 的右框內容複製後貼至此，便可點選「File」功能，選取「Save As」，將檔名存為「以詞為單位的 100 個有效語句.cha」，此時的檔案格式便是符合 CLAN 程式的 cha 檔。練習電子檔請詳見光碟：(6)以詞為單位的 100 個有效語句.cha。

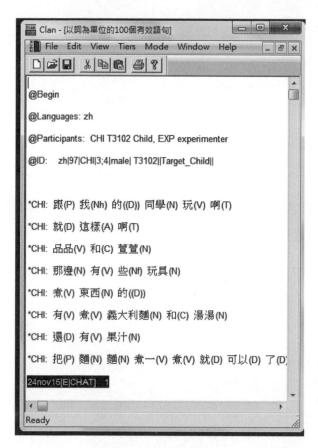

以詞為單位的100個有效語句

、兒童語言樣本指標分析

經由第二步驟將丁丁的語言樣本轉錄成符合CHAT格式的文字檔後，便可以針對不同單位格式進行分析，以下將以「以字為單位」、「以詞為單位」兩種單位格式，來進行相關語言指標之分析。

一、分析「以字為單位的 100 個有效語句.cha」檔案

將「以字為單位的 100 個有效語句.cha」的檔案複製後貼到 AssistClan 2.2 左框，可計算以下幾項指標：總句數、總字數、以字為單位之平均語句長度（MLU-c）、以字為單位之最長 5 個語句平均長度（MLU5-c），以及字彙多樣性（VOCD-c），說明如下。初學者可配合光碟檔案：(3)以字為單位的 100 個有效語句.cha，進行練習。

（一）總句數、總字數、以字為單位之平均語句長度（MLU-c）分析

將先前儲存的「以字為單位的 100 個有效語句.cha」之檔案複製後貼在 AssistClan 2.2 左框，按下【平均語句長度-字(MLU-c)】鍵，即可得知：總句數＝ 100、總字數＝ 814、平均語句長度-字（MLU-c）＝ 8.14，同時將結果填在【CLSA 基礎分析結果彙整表】。

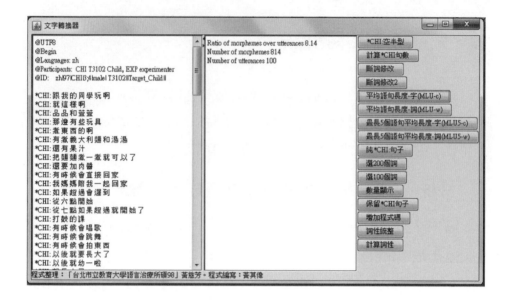

（二）以字為單位之最長 5 個語句平均長度（MLU5-c）分
　　　析

　　按下【最長 5 個語句平均長度-字(MLU5-c)】鍵，即可得知：以字
為單位之最長 5 個語句平均長度（MLU5-c）＝ 19.0，同時將結果填在
【CLSA 基礎分析結果彙整表】。

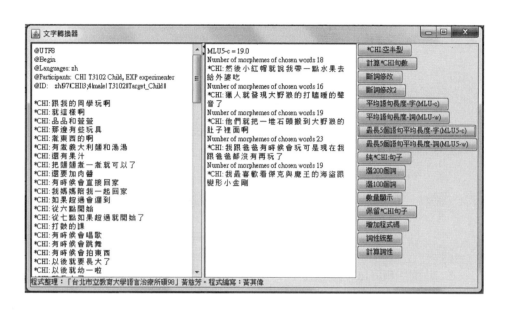

（三）字彙多樣性（VOCD-c）分析

1. 執行CLAN程式，點選視窗畫面中的「Window」，再點選「Window」之中的「Commands」，在「Commands」視窗的下拉選單中選取「vocd」。此時，「Commands」的視窗會出現「vocd」，然後空一格並加上「+t*CHI +r6」，即是「vocd +t*CHI +r6」。注意：「vocd +t*CHI」後面須空一格再接「+r6」。

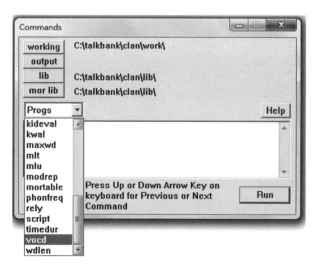

註：若您的語言樣本中沒有%mor 的程式碼，則需要加上「-t%mor」，變成程式碼如下：VOCD +t*CHI +r6 -t%mor（+r6和-t%mor 前都需要空一格）。

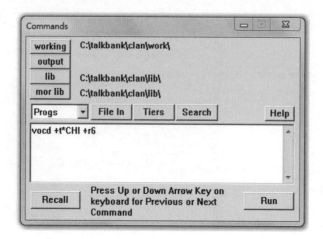

2. 點選「File In」按鈕，選取「以字為單位的 100 句有效語句.cha」
的檔案，再按下「Done」鍵，會回到「Commands」視窗，命令
行會出現「vocd +t*CHI +r6 @」，接著點選「Run」按鈕，CLAN
視窗畫面會輸出分析結果。

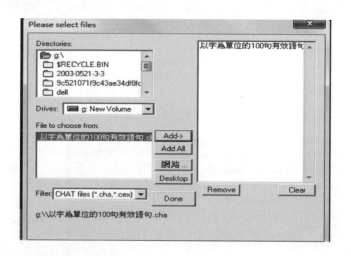

> 註：若您的語言樣本中沒有%mor 的程式碼，則需要加上「-t
> %mor」，變成程式碼如下：VOCD +t*CHI +r6 -t%mor
> （+r6 和-t%mor 前都需要空一格）。

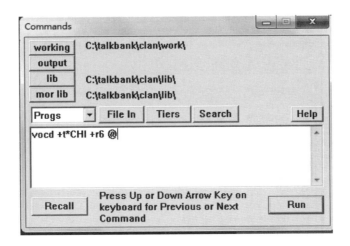

3. 此時即可得知「VOCD RESULTS SUMMARY」中的「D_opti-mum average: 87.61」，同時將結果填在【CLSA 基礎分析結果彙整表】之 VOCD-c ＝ 87.61。因為 VOCD 的計算方式是採隨機抽樣，故同一份語言樣本，每次計算出來的數值可能會有所變動，但變動數值約在 5%以內。

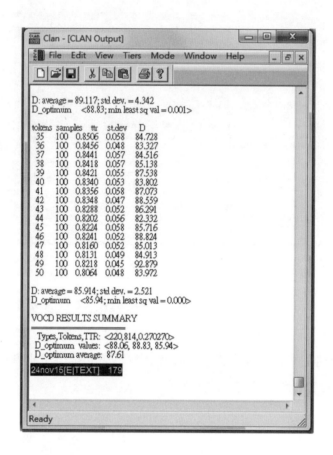

二、分析「以詞為單位的 100 個有效語句.cha」檔案

　　將「以詞為單位的 100 個有效語句.cha」的檔案複製後貼到 AssistClan 2.2，可計算以下幾項指標：總詞數、以詞為單位之平均語句長度（MLU-w）、以詞為單位之最長 5 個語句平均長度（MLU5-w）、詞彙多樣性（VOCD-w），以及計算實詞、虛詞、各種詞類數量。初學者可配合光碟檔案：(6)以詞為單位的 100 個有效語句.cha，進行練習。

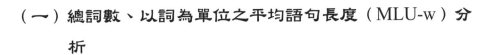

（一）總詞數、以詞為單位之平均語句長度（MLU-w）分析

將先前儲存的「以詞為單位的 100 個有效語句.cha」之檔案複製後貼在 AssistClan 2.2 左框，按下【平均語句長度-詞(MLU-w)】鍵，即可得知：總句數＝ 549、平均語句長度-詞（MLU-w）＝ 5.49，同時將結果填在【CLSA 基礎分析結果彙整表】。

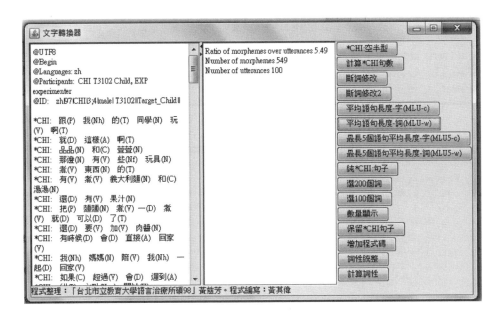

（二）以詞為單位之最長 5 個語句平均長度（MLU5-w）分析

按下【最長 5 個語句平均長度-詞(MLU5-w)】鍵，即可得知：以詞為單位之最長 5 個語句平均長度（MLU5-w）＝ 12.8，同時將結果填在【CLSA 基礎分析結果彙整表】。

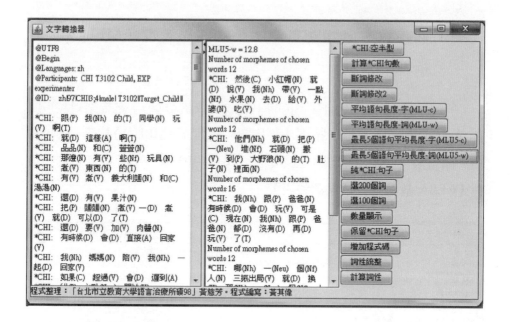

（三）詞彙多樣性（VOCD-w）分析

1. 執行CLAN程式，點選視窗畫面中的「Window」，再點選「Window」之中的「Commands」，在「Commands」視窗的下拉選單中選取「vocd」。此時，「Commands」的視窗會出現「vocd」，然後空一格並加上「+t*CHI +r6」，即是「vocd +t*CHI +r6」。

2. 點選「File In」按鈕，選取「以詞為單位的100個有效語句.cha」的檔案，再按下「Done」鍵，會回到「Commands」視窗，命令行會出現「vocd +t*CHI +r6 @」，接著點選「Run」按鈕，CLAN視窗畫面會輸出分析結果。

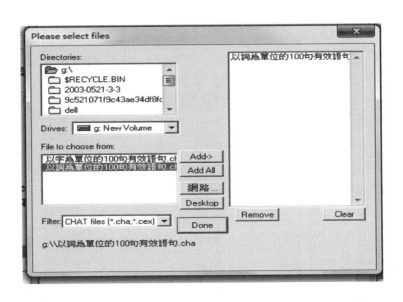

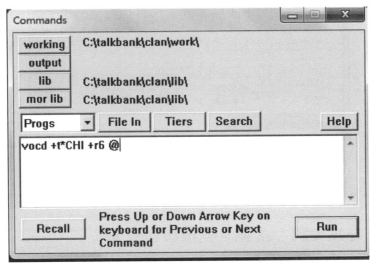

3. 此時即可得知「VOCD RESULTS SUMMARY」中的「D_opti-
mum average: 70.00」，同時將結果填在【CLSA 基礎分析結果彙
整表】之 VOCD-w = 70.00。因為 VOCD 的計算方式是採隨機抽
樣，故同一份語言樣本，每次計算出來的數值可能會有所變動，
但變動數值須在 5%以內。

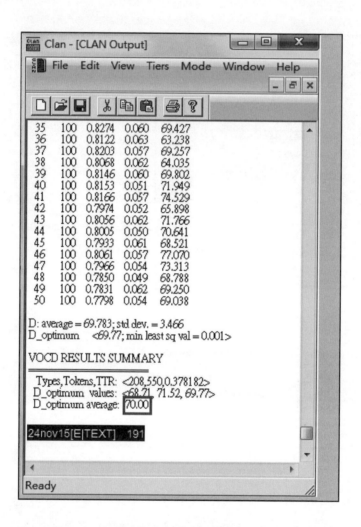

Clan - [CLAN Output]

File Edit View Tiers Mode Window Help

```
35   100   0.8274   0.060   69.427
36   100   0.8122   0.063   63.238
37   100   0.8203   0.057   69.257
38   100   0.8068   0.062   64.035
39   100   0.8146   0.060   69.802
40   100   0.8153   0.051   71.949
41   100   0.8166   0.057   74.529
42   100   0.7974   0.052   65.898
43   100   0.8056   0.062   71.766
44   100   0.8005   0.050   70.641
45   100   0.7933   0.061   68.521
46   100   0.8061   0.057   77.070
47   100   0.7966   0.054   73.313
48   100   0.7850   0.049   68.788
49   100   0.7831   0.062   69.250
50   100   0.7798   0.054   69.038

D: average = 69.783; std dev. = 3.466
D_optimum    <69.77; min least sq val = 0.001>

VOCD RESULTS SUMMARY

  Types,Tokens,TTR: <208,550,0.378182>
  D_optimum values: <68.21, 71.52, 69.77>
  D_optimum average: 70.00

24nov15[E|TEXT]   191
```

Ready

（四）計算實詞、虛詞、各種詞類數量

1. 開啟「以詞為單位的 100 個有效語句.cha」，將內容複製後貼在
   AssistClan 2.2 左框，然後按下【選 200 個詞】鍵（若兒童的總詞
   彙量不足或是語言遲緩兒童，則建議按【選 100 個詞】）。

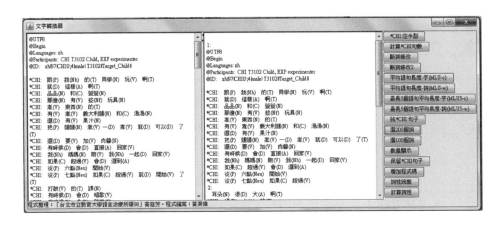

2. 將剛才選擇的 200 個詞複製後貼在 AssistCan 2.2 左框，按下【計算詞性】鍵，即可得知抓取的 200 個詞中各詞類的數值與比例，同時將結果填入【CLSA 基礎分析結果彙整表】。

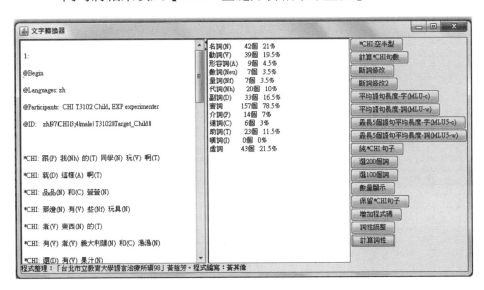

肆、撰寫兒童語言樣本分析結果

將以上各項指標數值紀錄於【CLSA 基礎分析結果彙整表】，即完成全部的語言樣本分析。丁丁的語言樣本分析結果如下表所示。

【CLSA 基礎分析結果彙整表】

兒童語言樣本各指標		分析結果		
一、計算總字數及總詞數		總字數	814	
		總詞數	549	
三、計算實詞和虛詞數量		二、計算各種詞類數（200 個詞）	個數	百分比（%）
實詞	157	名詞（N）	42	21.0
		動詞（V）	39	19.5
		形容詞（A）	9	4.5
		數詞（Neu）	7	3.5
		量詞（Nf）	7	3.5
		代詞（Nh）	20	10.0
		副詞（D）	33	16.5
		實詞百分比	78.5%	
虛詞	43	介詞（P）	14	7.0
		連詞（C）	6	3.0
		助詞（T）	23	11.5
		嘆詞（I）	0	0.0
		虛詞百分比	21.5%	
四、計算字彙多樣性／詞彙多樣性		VOCD-c	87.61	
		VOCD-w	70.00	
五、計算平均語句長度（MLU）		MLU-c	8.14	
		MLU-w	5.49	
六、計算最長 5 個語句平均長度（MLU5）		MLU5-c	19.0	
		MLU5-w	12.8	

、總結

　　本章提供CLSA個案範例的基本分析流程，共有四個步驟，分別為：兒童語言樣本蒐集、兒童語言樣本轉錄、兒童語言樣本指標分析，以及撰寫兒童語言樣本分析結果。首先，提供語言樣本蒐集過程之範例、語言樣本收錄表及轉錄表之填寫範例，再從轉錄之語言樣本中選取 100 個有效語句，並且示範使用 AssistClan 2.2 軟體，將檔案整理成符合 CHAT 轉錄之格式。接著，示範如何使用中文斷詞系統來斷詞，並進行人工斷詞之修正，此兩種方法對於華語詞彙分析有極大的幫助，而評分者間的信度約在 .90 上下，尚有努力修正空間，也期待各位使用者一同來努力與指教。初學語言樣本分析者，可依循本章所提供之範例流程逐步進行練習，且可在使用軟體進行各發展指標之分析後，將結果統整於【CLSA基礎分析結果彙整表】。

第 六 章

語言樣本分析之結果解釋及應用

　　CLSA 可用於評估兒童語言發展之情形，可定期蒐集個案語料並進行 CLSA 分析，亦可用於比較個案之語言能力是否有隨年齡增長而提升。以下兩個範例說明使用 CLSA 分析結果監控兒童語言之發展情形。

壹、典型發展兒童範例

　　個案勳勳（化名）分別在 3 歲 4 個月和 4 歲 4 個月時進行 CLSA 之蒐集及分析，以下比較兩次之 CLSA 分析結果，包括：平均語句長度（MLU-c 及 MLU-w）、最長 5 個語句平均長度（MLU5-c 及 MLU5-w），以及字彙多樣性／詞彙多樣性（VOCD-c/VOCD-w），並探討這一年間在上述各指標的語言能力之發展情形。

一、語言樣本分析結果

勳勳在 3 歲 4 個月時之分析結果

【CLSA 基礎分析結果彙整表】

兒童語言樣本各指標		分析結果		
一、計算總字數及總詞數		總字數	753	
		總詞數	538	
三、計算實詞和虛詞數量		二、計算各種詞類數（200 個詞）	個數	百分比（%）
實詞	172	名詞（N）	35	17.5
		動詞（V）	43	21.5
		形容詞（A）	3	1.5
		數詞（Neu）	1	0.5
		量詞（Nf）	12	6.0
		代詞（Nh）	41	20.5
		副詞（D）	37	18.5
		實詞百分比	86.0%	
虛詞	28	介詞（P）	7	3.5
		連詞（C）	0	0.0
		助詞（T）	21	10.5
		嘆詞（I）	0	0.0
		虛詞百分比	14.0%	
四、計算字彙多樣性／詞彙多樣性		VOCD-c	80.65	
		VOCD-w	59.04	
五、計算平均語句長度（MLU）		MLU-c	7.53	
		MLU-w	5.38	
六、計算最長 5 個語句平均長度（MLU5）		MLU5-c	12.40	
		MLU5-w	8.80	

勳勳在 4 歲 4 個月時之分析結果

【CLSA 基礎分析結果彙整表】

兒童語言樣本各指標		分析結果	
一、計算總字數及總詞數		總字數	876
		總詞數	611
三、計算實詞和虛詞數量		二、計算各種詞類數（200 個詞）	個數	百分比（%）
實詞	160	名詞（N）	39	19.5
		動詞（V）	45	22.5
		形容詞（A）	6	3.0
		數詞（Neu）	1	0.5
		量詞（Nf）	2	1.0
		代詞（Nh）	27	13.5
		副詞（D）	40	20.0
		實詞百分比	80.0%	
虛詞	40	介詞（P）	10	5.0
		連詞（C）	10	5.0
		助詞（T）	20	10.0
		嘆詞（I）	0	0.0
		虛詞百分比	20.0%	
四、計算字彙多樣性／詞彙多樣性		VOCD-c	101.18	
		VOCD-w	83.81	
五、計算平均語句長度（MLU）		MLU-c	8.70	
		MLU-w	6.11	
六、計算最長 5 個語句平均長度（MLU5）		MLU5-c	21.60	
		MLU5-w	15.20	

勳勳在 3 歲 4 個月及 4 歲 4 個月時語言表現之比較

	3 歲 4 個月	4 歲 4 個月
以字為單位之平均語句長度（MLU-c）	7.53	8.70
以詞為單位之平均語句長度（MLU-w）	5.38	6.11
以字為單位之最長 5 個語句平均長度（MLU5-c）	12.40	21.60
以詞為單位之最長 5 個語句平均長度（MLU5-w）	8.80	15.20
字彙多樣性（VOCD-c）	80.65	101.18
詞彙多樣性（VOCD-w）	59.04	83.81

二、句法分析結果解釋

在句法方面，以平均語句長度（MLU）來看，勳勳在 3 歲 4 個月時之 MLU-c 為 7.53，MLU-w 為 5.38，在一年之後追蹤蒐集之 CLSA 分析結果，勳勳之 MLU-c 為 8.70，MLU-w 為 6.11。上述數字表示勳勳在 3 歲 4 個月時，可說出之句子長度大約為 7 個字之長度，以詞為單位計算時，大約為 5 個詞之長度；而到了 4 歲 4 個月時，勳勳之語句長度大約為 8 個字及 6 個詞之長度。勳勳在此兩項平均語句長度之表現均有依年齡增長而成長之現象，表示他在 4 歲比在 3 歲的時候，可說出較長的句子，顯示出勳勳在語句句長之發展。

以最長 5 個句子平均長度（MLU5）來看，3 歲 4 個月時之 MLU5-c 為 12.40，MLU5-w 為 8.80，一年之後，其 MLU5-c 及 MLU5-w 之表現為 21.60 及 15.20，顯示勳勳不只有全部平均語句長度之提升，其可說出之最長語句之長度也大大增加。

以下為勳勳 3 歲 4 個月時所說出之最長的 5 個語句：

*CHI: 我 最 喜歡 跟 這 個 人 玩

*CHI: 她 一 開始 就 會 跟 小紅帽 拿 東西

*CHI: 我們 學校 都 教 這樣 吃 啦 放進 碗 裡面

*CHI: 再 脫 襪子 我 就 要 睡覺 了

*CHI: 媽媽 不 是 昨天 說過 沒有 爸爸 嗎

以下為勳勳4歲4個月時所說出之最長5個語句：

*CHI: 我 會 跟 他 一起 玩 也 會 跟 別的 同學 玩 軌道車 或 黏土

*CHI: 他 說 他 疼 頭 了 然後 他 就 說 帶 他 去 奶奶 家

*CHI: 大野狼 穿上 奶奶 的 衣服 然後 她 就 看到 大野狼 奶奶 在 她 床 上

*CHI: 他 去 把 奶奶 吃掉 然後 奶奶 就 被 吃掉 了

*CHI: 一 個 輪子 是 黃色 但是 我 溜走 的 時候 它 就 會 有 很多 彩色 的 顏色

　　根據以上語料可看出勳勳之句子明顯增長，3歲4個月時，其句法較簡單、較少出現連接詞，4歲4個月時，勳勳可以使用較複雜之句法，並且使用較多連接詞，例如：也、然後、但是等，表現出使用複句之能力。以上分析結果皆可看出勳勳在句法上之成長，以及經過一年後其句法能力之提升情形。

三、語意分析結果解釋

　　在語意方面，勳勳在 VOCD-c 和 VOCD-w 的表現上，他在4歲4個月時比3歲4個月時之數值有明顯提升，顯示勳勳在4歲4個月時會使用較多不同詞彙，比3歲4個月時的詞彙多樣性較高。

　　以上的 CLSA 分析結果顯示，勳勳在句法及語意能力上均依年齡增長而提升。

、發展遲緩兒童範例

　　個案璇璇（化名）在 4 歲 1 個月及 5 歲 1 個月時進行 CLSA 之蒐集及分析，以下為其 CLSA 在平均語句長度（MLU-c 及 MLU-w）、最長 5 個語句平均長度（MLU5-c 及 MLU5-w），以及字彙多樣性／詞彙多樣性（VOCD-c/VOCD-w）之分析結果及發展情形。

一、語言樣本分析結果

璇璇在 4 歲 1 個月時之分析結果

【CLSA 基礎分析結果彙整表】

兒童語言樣本各指標		分析結果		
一、計算總字數及總詞數		總字數	341	
		總詞數	234	
三、計算實詞和虛詞數量		二、計算各種詞類數（200 個詞）	個數	百分比（%）
實詞	168	名詞（N）	50	25.0
		動詞（V）	59	29.5
		形容詞（A）	3	1.5
		數詞（Neu）	1	0.5
		量詞（Nf）	5	2.5
		代詞（Nh）	20	10.0
		副詞（D）	30	15.0
		實詞百分比	84.0%	
虛詞	32	介詞（P）	6	3.0
		連詞（C）	2	1.0
		助詞（T）	17	8.5
		嘆詞（I）	7	3.5
		虛詞百分比	16.0%	
四、計算字彙多樣性／詞彙多樣性		VOCD-c	92.5	
		VOCD-w	73.50	
五、計算平均語句長度（MLU）		MLU-c	4.54	
		MLU-w	3.12	
六、計算最長 5 個語句平均長度（MLU5）		MLU5-c	8.60	
		MLU5-w	6.20	

璇璇在 5 歲 1 個月時之分析結果

【CLSA 基礎分析結果彙整表】

兒童語言樣本各指標		分析結果		
一、計算總字數及總詞數		總字數	667	
		總詞數	457	
三、計算實詞和虛詞數量		二、計算各種詞類數（200 個詞）	個數	百分比（%）
實詞	184	名詞（N）	60	30.0
		動詞（V）	49	24.5
		形容詞（A）	5	2.5
		數詞（Neu）	14	7.0
		量詞（Nf）	15	7.5
		代詞（Nh）	19	9.5
		副詞（D）	22	11.0
		實詞百分比	92.0%	
虛詞	16	介詞（P）	1	0.5
		連詞（C）	3	1.5
		助詞（T）	11	5.5
		嘆詞（I）	1	0.5
		虛詞百分比	8.0%	
四、計算字彙多樣性／詞彙多樣性		VOCD-c	116.81	
		VOCD-w	83.19	
五、計算平均語句長度（MLU）		MLU-c	6.80	
		MLU-w	4.66	
六、計算最長 5 個語句平均長度（MLU5）		MLU5-c	14.00	
		MLU5-w	9.60	

璇璇在 4 歲 1 個月及 5 歲 1 個月時語言表現之比較

	4 歲 1 個月	5 歲 1 個月
以字為單位之平均語句長度（MLU-c）	4.54	6.80
以詞為單位之平均語句長度（MLU-w）	3.12	4.66
以字為單位之最長 5 個語句平均長度（MLU5-c）	8.60	14.00
以詞為單位之最長 5 個語句平均長度（MLU5-w）	6.20	9.60
字彙多樣性（VOCD-c）	92.50	116.81
詞彙多樣性（VOCD-w）	73.50	83.19

二、句法分析結果解釋

　　璇璇之句法能力，從平均語句長度來看，不論是以字為單位或是以詞為單位，其 5 歲 1 個月時之數值均比 4 歲 1 個月時之數值為高：璇璇在 4 歲 1 個月時之語句長度大約為 4 個字及 3 個詞，5 歲 1 個月時大約為 6 個字及 4 個詞，顯示璇璇在 5 歲 1 個月時之語句長度較長。璇璇的最長 5 個句子平均長度（MLU5）亦有隨年齡增加之趨勢：4 歲 1 個月時，其 MLU5-c 為 8.60，MLU5-w 為 6.20；5 歲 1 個月時，其 MLU5-c 為 14.00，MLU5-w 為 9.60。由璇璇之最長 5 個句子的語料可看出，她在 5 歲 1 個月時可說出之語句較 4 歲 1 個月為長。雖然她在使用上尚未成熟，但在 5 歲 1 個月時出現連結兩個單句之句法，顯示璇璇在句法能力上之成長。

　　以下為璇璇 4 歲 1 個月時之最長的 5 個語句：

*CHI: 玄龍 跟 我 回家 跟 我 睡 啊
*CHI: 熱呼呼 的 雞蛋 給 你 吃
*CHI: 鯊魚 你 要 吃 漢堡 嗎
*CHI: 你 要 去 哪裡 啊
*CHI: 小紅帽 要 去 哪裡 啊

以下為璇璇 5 歲 1 個月時之最長 5 個語句：

*CHI: 妳 去 奶奶 家 啦 她 生病 了
*CHI: 又 打架 了 一 個 人 兩 個 又 打架 了
*CHI: 兩 個 人 又 打架 一 個 人
*CHI: 然後 把 剪刀 剪 下來 然後 縫 起來
*CHI: 然後 到 樓上 去 然後 換 衣服 洗 手 脫 鞋 了 這樣子

三、語意分析結果解釋

在語意能力方面，以 VOCD-c 和 VOCD-w 來看，璇璇 4 歲 1 個月時之數值為 92.50 和 73.50，5 歲 1 個月時之數值為 116.81 和 83.19，顯示璇璇依年齡增長而提升，在 5 歲 1 個月時之詞彙多樣性較 4 歲 1 個月時高。

四、總結及建議

璇璇之語言能力隨其年齡增長在語法及語意能力上均有提升之趨勢，但是璇璇之平均語句長度可能有偏低之現象，其最長 5 個語句之表現亦顯示出現許多錯誤句型之使用。璇璇之詞彙多樣性數值雖高，但就其詞類分析來看，其虛詞使用卻無提升之現象，連詞之使用亦無增加，建議可進一步分析璇璇之詞彙能力，並分析其詞彙能力及語法能力間之關係。建議可幫助璇璇習得正確之語法，減少錯誤句型使用，提升其虛詞之使用能力，例如：連詞之使用，即可幫助其增加正確複句之使用情形，增加其語句複雜度及語句長度。

語言樣本分析目前雖然尚未有常模可以對照，無法與典型發展兒童之表現做比較，以分析個案能力與典型發展兒童之差異，但是以上範例顯示，語言樣本分析之結果可用於觀察兒童之發展情形。定期為兒童進行語言樣本分析可觀測其語言能力隨年齡增長之變化，亦可監控其介入

是否具成效，觀察兒童語言能力是否因介入後而成長，專業人員可使用語言樣本分析的結果，來解釋兒童之語言發展成長情形。

、聽力損失兒童範例

　　聽力損失兒童常出現語言方面的困難，使用語言樣本分析可以深入且詳細探討個案的各個語言面向，包含在音韻、語意、語用及語法之表現，以了解個案在語言不同層面之強項及弱項為何，以針對其困難點擬定介入計畫。以下為一聽損兒童真真（化名）之語言樣本分析。

　　真真的語言樣本蒐集時間為 5 歲 2 個月，在幼兒園就讀，主要照顧者為母親，主要使用語言為華語。真真為感音性聽損個案，聽損程度為左耳 75dB，右耳 95dB，輔具為人工電子耳及助聽器。她在 4 歲時開始使用助聽器輔具，4 歲 9 個月進行人工電子耳之手術，並於 4 歲 10 個月開始使用人工電子耳。真真在 4 歲 3 個月時開始接受〇〇基金會兩週一次之課程，並在 5 歲 1 個月時在〇〇醫院開始接受語言治療。真真的構音仍有許多錯誤，言語清晰度不高，對不熟悉真真的人來說，有時並不容易聽懂她的話語，但是真真並不因此有退縮的情形，不論是在故事重述、談天，以及遊戲時之話語都十分豐富。基金會老師及研究者想了解真真的語言能力之詳細情形，並且探討及監控真真之語言進步情況，因此進行語言樣本分析，分析真真的各項語言能力。以下詳細說明之。

一、真真的基本資料

語言樣本收錄日期	○○/○○/○○
個案出生日期	○○/○○/○○
年齡	5 歲 2 個月
性別	女
就讀學校	幼兒園
主要使用語言	華語
主要照顧者	母親
聽損類型（感音性／傳導性／混合性）	感音性
聽損嚴重度	左耳 75 dB，右耳 95 dB
聽力損失以外之其他診斷（其他障礙類別）	無
輔具類型	人工電子耳及助聽器
開始配戴助聽器之年齡	4 歲
人工電子耳手術年齡	4 歲 9 個月
人工電子耳開始使用年齡	4 歲 10 個月
開始接受雅文課程之年齡	4 歲 3 個月
接受○○基金會課程之頻率	兩週一次
其他醫療院所之語言治療服務	○○醫院
「華語兒童理解與表達詞彙測驗」（Receptive and Expressive Vocabulary Test, REVT）測驗結果（標準分數）	理解量表：74 表達量表：95 全量表：91

二、語言樣本蒐集

　　施測者在真真於基金會課程下課後，在基金會的教室蒐集真真之語言樣本，並依手冊程序在四個情境中誘發真真之語言，包含：交談對話（學校）、自由遊戲、重述故事，以及交談對話（家庭）。真真是個活潑開朗的孩子，在進行語言樣本蒐集時，雖然一開始有些害羞，但是十

分配合，與施測者之互動十分良好。施測者在誘發真真的自發性語言時，除了有時會聽不懂真真之話語外，沒有太大困難。蒐集語言樣本之過程全程錄音及錄影，以進行後續轉錄分析。

三、語言樣本分析結果

【CLSA 基礎分析結果彙整表】

兒童語言樣本各指標		分析結果		
一、計算總字數及總詞數		總字數	967	
		總詞數	662	
三、計算實詞和虛詞數量		二、計算各種詞類數（200 個詞）	個數	百分比（%）
實詞	168	名詞（N）	44	22.0
		動詞（V）	47	23.5
		形容詞（A）	9	4.5
		數詞（Neu）	5	2.5
		量詞（Nf）	5	2.5
		代詞（Nh）	26	13.0
		副詞（D）	32	16.0
		實詞百分比	84.0%	
虛詞	32	介詞（P）	7	3.5
		連詞（C）	10	5.0
		助詞（T）	15	7.5
		嘆詞（I）	0	0.0
		虛詞百分比	16.0%	
四、計算字彙多樣性／詞彙多樣性		VOCD-c	92.70	
		VOCD-w	82.56	
五、計算平均語句長度（MLU）		MLU-c	9.67	
		MLU-w	6.62	
六、計算最長 5 個語句平均長度（MLU5）		MLU5-c	19.00	
		MLU5-w	13.40	

四、句法分析結果解釋

真真的語句平均長度大約為 9 個字及 6 個詞，最長 5 個語句平均長度為 19 個字及 13 個詞，其以字為單位的最長 5 個語句如下：

*CHI: 我們玩完娃娃家就馬上很快就整理好了
*CHI: 從前有個村莊裡有小紅帽跟他的奶奶一起生活著
*CHI: 然後獵人就裝了很大的石頭在大野狼的肚子裡
*CHI: 牠的愛吃胡蘿蔔的兔子都給他們待在地下
*CHI: 有些的氣球是自己吹的就不用錢有些的要錢

以詞為單位之最長 5 個語句如下：

*CHI: 我們(Nh) 玩(V) 完(T) 娃娃家(N) 就(D) 馬上(D) 很(D) 快(V) 就(D) 整理(V) 好(A) 了(T)
*CHI: 從前(N) 有(V) 個(Nf) 村莊(N) 裡(N) 有(V) 小紅帽(N) 跟(C) 他(Nh) 的(D) 奶奶(N) 一起(D) 生活(V) 著(D)
*CHI: 然後(C) 獵人(N) 就(D) 裝(V) 了(T) 很(D) 大(A) 的(T) 石頭(N) 在(P) 大野狼(N) 的(D) 肚子(N) 裡(N)
*CHI: 牠(Nh) 的(D) 愛(V) 吃(V) 胡蘿蔔(N) 的(T) 兔子(N) 都(D) 給(V) 他們(Nh) 待(V) 在(P) 地下(N)
*CHI: 有些(Nh) 的(T) 氣球(N) 是(V) 自己(Nh) 吹(V) 的(T) 就(D) 不用(V) 錢(N) 有些(D) 的(D) 要(V) 錢(N)

五、語意分析結果解釋

在語意部分，分析真真以相異字詞比率以及使用之詞彙中各類詞性之比率，以下為分析結果：

1. 詞類分析：真真在選取 200 個詞彙中，實詞占 84.0%，虛詞占 16.0%。其詞彙中以名詞及動詞占最多，其次為代詞及副詞，有

出現虛詞之使用，包含：介詞、連詞及助詞。

2. 詞彙多樣性：真真之 VOCD-c 分析結果為 92.70，VOCD-w 分析結果為 82.56，顯示真真詞彙之多樣化高、變異性大，表示真真有豐富之詞彙量。

六、總結及建議

在語法方面，其語句長度平均大約為 9 個字長，最長語句則約為 19 個字長，以其年齡來看，大致上沒有異常之情形，但其最長 5 個語句中顯示有部分句型使用錯誤之情形。在語意方面，其 VOCD-w 為 82.56，顯示詞彙多樣性高，詞類分析結果實詞占 84.0%，虛詞占 16.0%，其中以名詞及動詞為最多，建議可擴展其出現次數較低的詞性之詞彙量，例如：形容詞及介詞，亦可修正其錯誤使用之句型。

第 **七** 章

華語兒童語言樣本分析
之信度與效度

　　在建立具有信度與效度的兒童語言樣本分析程序時，為確保轉錄的一致性，對於語言樣本的轉錄方式與原則，包括：格式規則、語句斷句規則、符號使用規則等，都必須要有詳細的說明，並設計統一的語言樣本轉錄格式，以供語言樣本之收錄和轉錄使用。CLSA 中所規範及說明之蒐集、轉錄及分析方式皆經研究支持其信度與效度，以下分別說明內容效度、建構效度、同時效度、信度等研究結果。

　　CLSA 信效度的研究共有 142 位受試者參與，各組受試者的年齡、性別之人數分布如表 7-1 所示。

　　為招募研究對象，本研究針對臺北市萬華區及文山區之幼兒園，其實足年齡 3～5 歲之兒童發出施測同意書，請有意願參與研究之家長與研究者聯繫，再對有意願參與研究之兒童，透過「華語兒童理解與表達詞彙測驗」（Receptive and Expressive Vocabulary Test, REVT）（黃瑞珍、簡欣瑜、朱麗璇、盧璐，2011）進行施測，以便將受測者區分為典型發展兒童（T）與語言發展遲緩兒童（D）。測驗分數在百分等級 30 以上者，歸類為典型發展兒童（T）；百分等級 15 以下者，歸類為語言發展

遲緩兒童（D）。為明確區隔典型發展兒童與語言發展遲緩兒童，本研究排除百分等級介於 16 至 29 之間的兒童，同時也排除無法配合語言樣本蒐集的兒童。

表 7-1　各組受試者一覽表

組別	T3	T4	D3	D4	合計
人數（男）	18	22	19	20	79（55.63%）
人數（女）	22	17	9	15	63（44.37%）
合計	40	39	28	35	142

註：T3 為 3 至 4 歲典型發展兒童，T4 為 4 至 5 歲典型發展兒童，D3 為 3 至 4 歲語言發展遲緩兒童，D4 為 4 至 5 歲語言發展遲緩兒童。

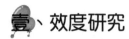

壹、效度研究

一、內容效度

　　英語中常用且被證實和兒童語言能力發展有高度相關性的指標，包含：評量語法能力的平均語句長度（MLU）指標，以及評量語意能力的詞彙多樣性和詞類指標，各指標可測量不同向度的語言精熟程度（Miller, 1991; Robertson & Weimer, 1999; Templin, 1957）。此外，Miller（1981）指出，語言樣本的語意分析可針對語言發展遲緩兒童的發展程度提供重要的訊息。而語意分析項目包括：字詞類型（詞類）、詞彙多樣性的分析－相異詞比率（type-token ratio, TTR）（Templin, 1957）。

　　本研究採用之兒童語言發展指標共十二項，涵蓋語法和語意兩個語言能力向度，亦即透過語法和語意兩個向度來描述兒童的語言能力，或依此判別兒童是否有語言發展遲緩或障礙問題。此外，針對華語之基本

語意單位是「詞」的特性，分別以「字」和「詞」為單位計算平均語句長度和相異字詞比率，以探究這些語言發展指標在華語的適用性。另一方面，在考量兒童的語言發展潛能和可誘發性的因素後，將最長 5 個語句平均長度納入語言發展指標之一。由上述說明可知，就所涵蓋的向度觀點，本研究之兒童語言發展指標具內容效度。以下分別就平均語句長度、詞彙多樣性、詞類三部分，探討本研究之兒童語言發展指標的內容效度。

（一）平均語句長度（MLU）

從文獻探討可知，學者指出平均語句長度（MLU）可被用來當成兒童語法複雜度的指標（Brown, 1973），是具有信度和效度的語法指標，可用來區別典型發展兒童和語言障礙兒童（Rice et al., 2006）。而在華語部分，研究結果顯示，平均語句長度（MLU）適用於評量學齡前發展正常兒童的語言能力，且能夠區別發展正常和語言障礙兒童（張顯達，1998；Fletcher, 1999; Klee et al., 2004）。本研究之語言發展指標，包括：平均語句長度－字（MLU-c）、平均語句長度－詞（MLU-w）、以字為單位之最長 5 個語句平均長度（MLU5-c），以及以詞為單位之最長 5 個語句平均長度（MLU5-w），在語法方面具有內容效度。

（二）詞彙多樣性與詞類

Owen 與 Leonard（2002）的研究指出，詞彙多樣性（lexical diversity）可用來評量兒童自發性語言的詞彙能力。Templin（1957）指出，相異詞比率（type-token ratio, TTR）通常被用來當成兒童詞彙多樣性、詞彙發展、語意能力的指標。此外，相異字詞數（NDW）亦可當成監測語言障礙兒童口語能力進步的有效指標（Robertson & Weimer, 1999）。然而，TTR 會受到平均語句長度的影響，NDW 則存在樣本大小的問題；

另一種評量詞彙多樣性的方式——「詞彙多樣性」（VOCD-w），則受到樣本大小因素的影響較小，比 TTR、NDW 更適合用來評量詞彙多樣性（Owen & Leonard, 2002）。在華語部分，Fletcher（1999）與 Klee 等人（2004）之研究結果皆顯示，詞彙多樣性（VOCD-w）有隨年齡增加之趨勢，且可當成鑑別正常發展兒童和語言障礙兒童的發展指標。本研究之語言發展指標，包括：相異字比率（TTR-c）、相異詞比率（TTR-w）、校正後相異字比率（CTTR-c）、校正後相異詞比率（CTTR-w）、字彙多樣性（VOCD-c），以及詞彙多樣性（VOCD-w）。在詞彙多樣性方面具有內容效度。

學者研究指出，無論是英語或華語，兒童語言在詞類的發展上，最先掌握實詞，然後掌握虛詞，詞類比例有隨年齡增長而變化的趨勢（Fletcher, 1999; Nelson, 1973; Retherford, 2000）。本研究之語言發展指標，包括：虛詞數量（Fun）及介連虛詞數量（PC），在詞類方面具有內容效度。由上述說明可知，就語言發展指標項目和內容的觀點，本研究之兒童語言發展指標具有內容效度。

二、建構效度

依據文獻探討結果，研究者將十二項兒童語言樣本分析之可能指標逐一驗證其顯著性，這十二項指標列舉如下：

1. 以字（character）為單位之平均語句長度（簡稱 MLU-c）。
2. 以詞（word）為單位之平均語句長度（簡稱 MLU-w）。
3. 以字為單位之最長 5 個語句平均長度（簡稱 MLU5-c）。
4. 以詞為單位之最長 5 個語句平均長度（簡稱 MLU5-w）。
5. 相異字比率（簡稱 TTR-c）。
6. 相異詞比率（簡稱 TTR-w）。
7. 字彙多樣性（簡稱 VOCD-c）。

8. 詞彙多樣性（簡稱 VOCD-w）。

9. 虛詞數量（簡稱 Fun）。

10.介連虛詞數量（簡稱 PC）。

11.校正後相異字比率（簡稱 CTTR-c）。

12.校正後相異詞比率（簡稱 CTTR-w）。

CLSA 在建構效度方面提出三項研究假設，以下加以說明：

1. 典型發展兒童的兩個年齡組（3:0～3:11、4:0～4:11）之間在十二項指標達顯著差異。

2. 同年齡典型發展兒童與發展遲緩兒童之間在十二項指標達顯著差異。

3. 十二項指標兩兩之間達顯著相關。

（一）兒童語言發展指標在典型發展兒童的兩個年齡組間之差異性

本研究使用 SPSS 12.0 中文版統計套裝軟體，以獨立樣本 t 考驗檢驗典型發展兒童兩個年齡組（3:0～3:11、4:0～4:11，簡稱 T3、T4）之間的十二項兒童語言發展指標是否達顯著差異，分析結果如表 7-2 所示。在 MLU-c 方面，3 歲典型發展兒童組的平均值為 5.94，4 歲典型發展兒童組的平均值為 6.64。在 MLU-w 方面，3 歲典型發展兒童組的平均值為 3.99，4 歲典型發展兒童組的平均值為 4.29。在 VOCD-w 方面，3 歲典型發展兒童組的平均值為 77.25，4 歲典型發展兒童組的平均值為 85.56。平均語句長度和詞彙多樣性都有隨年齡增長而增加的趨勢，此與 Klee 等人（2004）以及 Fletcher（1999）之研究結果一致。

表 7-2　典型發展兒童的語言發展指標之描述性統計與 *t* 考驗分析結果

指標	組別	個數	平均數	標準差	*t* 值	顯著性（雙尾）
MLU-c	T3	40	5.94	0.93	-2.86	.00**
	T4	39	6.64	1.23		
MLU-w	T3	40	3.99	0.69	-1.66	.10
	T4	39	4.29	0.87		
MLU5-c	T3	40	12.78	1.72	-3.96	.00**
	T4	39	14.53	2.17		
MLU5-w	T3	40	8.60	1.38	-2.79	.01**
	T4	39	9.52	1.55		
Fun	T3	40	18.48	4.84	-0.76	.45
	T4	39	19.18	3.18		
PC	T3	40	5.33	1.57	-5.20	.00**
	T4	39	7.09	1.44		
TTR-c	T3	40	0.34	0.05	-0.41	.68
	T4	39	0.35	0.06		
TTR-w	T3	40	0.44	0.06	-1.01	.32
	T4	39	0.45	0.07		
CTTR-c	T3	40	5.80	0.63	0.82	.00**
	T4	39	6.16	0.55		
CTTR-w	T3	40	6.10	0.53	-2.53	.01*
	T4	39	6.47	0.72		
VOCD-c	T3	40	89.26	15.24	-2.04	.07
	T4	39	95.22	13.87		
VOCD-w	T3	40	77.25	18.45	-2.09	.04*
	T4	39	85.56	16.84		

*p < .05; ** p < .01

　　由表 7-2 可以看出，4 歲典型發展兒童組之語言發展指標數值皆高於 3 歲典型發展兒童組，顯示本研究之語言發展指標：MLU-c、MLU-w、MLU5-c、MLU5-w、TTR-c、TTR-w、CTTR-c、CTTR-w、VOCD-c、VOCD-w、Fun，以及 PC，都有隨年齡增長而增加的趨勢。但其中只有 MLU-c、MLU5-c、MLU5-w、CTTR-c、CTTR-w、VOCD-w，以及 PC 等七項指標之差異，達統計上的顯著水準，可當成鑑別不同年齡之正常發展兒童的語言發展指標。

　　至於在 TTR-c 及 TTR-w 方面，兩組之差異未達統計上的顯著水準，此乃受到詞彙量變多、分母變大之影響。因 4 歲典型發展兒童組其 100 個語句所包含的總詞數較 3 歲組兒童多，以致於即使相異詞數增加，計算出來的 TTR 值也可能和相異字詞數低的兒童相同，導致無法顯示兩組詞彙程度的差異。由此亦顯示，使用 VOCD-w 來評量詞彙多樣性時，受到樣本大小因素的影響較小，較適合評量兒童的詞彙多樣性，此與 Owen 與 Leonard（2002）之研究結果一致。

　　由表 7-2 亦可看出，CTTR-c 及 CTTR-w 在 4 歲典型發展兒童組高於 3 歲組，且兩者之差異達統計上的顯著水準，此即表示「校正後相異字／詞比率」應該和詞彙多樣性（VOCD-w）一樣，已修正了平均語句長度效應，受到平均語句長度的影響遠小於 TTR-c 及 TTR-w。故根據此研究結果，建議採用 CTTR-c 及 CTTR-w 代替 TTR-c 及 TTR-w，可當成詞彙能力的發展指標。綜合上述的分析結果，典型發展兒童在 MLU-c、MLU5-c、MLU5-w、CTTR-c、CTTR-w、VOCD-w，以及 PC 等七項指標方面，都有隨年齡增加之趨勢，且在典型發展兒童的兩個年齡組間達顯著差異，表示此七項指標可當成鑑別不同年齡之正常發展兒童的語言發展指標。此外，研究結果也顯示，MLU-c 比 MLU-w 更適合用來鑑別不同年齡兒童的語言能力。

（二）兒童語言發展指標在同年齡典型發展兒童與發展遲緩兒童間之差異性

本研究以獨立樣本 t 考驗檢驗同年齡的典型發展兒童與發展遲緩兒童之間的語言發展指標是否達顯著差異，包括 3 歲組（T3、D3）和 4 歲組（T4、D4）兩組，分析結果如表 7-3 所示。該表顯示，3 歲典型發展兒童組之語言發展指標中的八項，包括：MLU-c、MLU-w、MLU5-c、MLU5-w、CTTR-c、CTTR-w、VOCD-c，以及 VOCD-w，皆有高於 3 歲發展遲緩兒童組的趨勢，且除了 PC 以外，其他七項指標之差異皆達統計上的顯著水準。至於在 TTR-c 及 TTR-w 方面，3 歲發展遲緩兒童組的數值反而高於 3 歲典型發展兒童組，此乃受到平均語句長度之影響。因 3 歲典型發展兒童組的平均語句長度大於 3 歲發展遲緩兒童組，平均語句長度愈長，表示其 100 個語句所包含的總字詞數愈多，以致於即使相異詞數增加，計算出來的 TTR 值也可能和平均語句長度短的兒童相同，導致無法顯示兩組詞彙程度的差異。

此外，在實詞數量和虛詞數量方面，為配合發展遲緩兒童只選取 100 個詞進行分析，而將典型發展兒童的實詞數量和虛詞數量轉換成百分比計算。然而，由於 3 歲典型發展兒童組和 3 歲發展遲緩兒童組的語言樣本中，虛詞多為助詞和嘆詞，而介詞和連詞則出現比例明顯偏低，以致於 3 歲發展遲緩兒童組的虛詞數量反而高於 3 歲典型發展兒童組，且 PC 之差異並未達統計上的顯著水準。此結果顯示，對 3 歲兒童而言，無論是典型發展或發展遲緩，其虛詞都尚未明顯發展，即使有出現，也大部分是「了」、「啊」、「耶」、「喔」、「吧」等語助詞，這在語法和語意能力進步上，並無多大意義。

表 7-3　3 歲典型發展兒童與發展遲緩兒童的語言發展指標之描述性統計
　　　　與 *t* 考驗分析結果

指標	組別	個數	平均數	標準差	*t* 值	顯著性（雙尾）
MLU-c	T3	40	5.94	0.94	4.70	.00**
	D3	28	4.82	1.01		
MLU-w	T3	40	3.99	0.70	3.83	.00**
	D3	28	3.33	0.71		
MLU5-c	T3	40	12.79	1.72	6.97	.00**
	D3	28	9.39	2.30		
MLU5-w	T3	40	8.60	1.38	5.36	.00**
	D3	28	6.67	1.58		
Fun	T3	40	9.23	2.42	-2.50	.02*
	D3	28	10.79	2.64		
PC	T3	40	5.32	1.57	1.23	.22
	D3	28	4.71	2.52		.26
TTR-c	T3	40	0.34	0.05	-4.95	.00**
	D3	28	0.42	0.08		
TTR-w	T3	40	0.44	0.06	-3.28	.00**
	D3	28	0.50	0.09		
CTTR-c	T3	40	5.80	0.63	4.91	.00**
	D3	28	5.09	0.52		
CTTR-w	T3	40	6.10	0.58	7.93	.00**
	D3	28	5.02	0.53		
VOCD-c	T3	40	89.26	15.24	4.89	.00**
	D3	28	70.91	15.18		
VOCD-w	T3	40	77.25	18.45	4.37	.00**
	D3	28	58.76	15.09		

p < .05; ** *p* < .01

再由表 7-4 可知，4 歲典型發展兒童組之語言發展指標中的九項，包括：MLU-c、MLU-w、MLU5-c、MLU5-w、CTTR-c、CTTR-w、VOCD-c、VOCD-w，以及 PC，皆有高於 4 歲發展遲緩兒童組的趨勢，且兩者之差異皆達統計上的顯著水準。此外，研究結果也顯示 MLU-c 比 MLU-w 的顯著性高，儘管「詞」是華語基本的語意單位，但根據本研究結果，以「字」為單位來計算平均語句長度的效度略優於「詞」，MLU-c 比 MLU-w 更適合用來鑑別同年齡的典型發展兒童和發展遲緩兒童。

至於在 TTR-c 及 TTR-w 方面，4 歲發展遲緩兒童組的數值反而高於 4 歲典型發展兒童組，應該亦是受到樣本大小影響，以致於無法呈現兒童真實的詞彙能力。此外，在虛詞數量方面，呈現 4 歲發展遲緩兒童組的虛詞數量反而高於 4 歲典型發展兒童組的情況，亦是受到 4 歲發展遲緩兒童組的助詞和嘆詞較多之影響；若比較兩者之 PC，則可明顯看出 4 歲典型發展兒童組的虛詞數量高於 4 歲發展遲緩兒童組，且達顯著差異。

綜合上述的分析結果，MLU-c、MLU-w、MLU5-c、MLU5-w、CTTR-c、CTTR-w、VOCD-c、VOCD-w，以及 PC 等九項指標，在同年齡典型發展兒童與發展遲緩兒童之間達顯著差異，因此可當成鑑別同年齡正常發展兒童和發展遲緩兒童的語言發展指標。

（三）兒童語言發展指標之內部一致性

本研究以 Pearson 相關係數考驗全體受試兒童的語言發展指標兩兩之間是否達顯著相關，以確認整體語言發展指標兩兩之間的相關性，分析結果如表 7-5 所示。由全體兒童的語言發展指標之 Pearson 相關考驗結果可知，語法向度的六項指標，除了 Fun 以外，其他的五項指標：MLU-c、MLU-w、MLU5-c、MLU5-w，以及 PC，彼此之間有顯著相關。此表示除了 Fun 以外，語法向度的各指標具內部一致性；至於 Fun 的部分，則因受到與語法無關的語氣助詞之影響，以致於和其他四項指標（除了 PC

表 7-4　4 歲典型發展兒童與發展遲緩兒童的語言發展指標之描述性統計
與 t 考驗分析結果

指標	組別	個數	平均數	標準差	t 值	顯著性（雙尾）
MLU-c	T4	39	6.65	1.23	3.25	.00**
	D4	35	5.74	1.17		
MLU-w	T4	39	4.29	0.87	2.19	.03*
	D4	35	3.86	0.84		
MLU5-c	T4	39	14.54	2.17	4.68	.00**
	D4	35	11.91	2.65		
MLU5-w	T4	39	9.52	1.56	2.83	.00**
	D4	35	8.49	1.58		
Fun	T4	39	9.59	1.59	-3.86	.00**
	D4	35	11.49	2.57		
PC	T4	39	7.09	1.45	5.85	.00**
	D4	35	4.97	1.67		
TTR-c	T4	39	0.35	0.06	-1.63	.11
	D4	35	0.38	0.06		
TTR-w	T4	39	0.45	0.07	-0.01	.99
	D4	35	0.45	0.07		
CTTR-c	T4	39	6.16	0.55	3.76	.00**
	D4	35	5.71	0.47		
CTTR-w	T4	39	6.47	0.72	4.67	.00**
	D4	35	5.56	0.96		
VOCD-c	T4	39	95.22	13.86	3.05	.03*
	D4	35	83.73	18.37		
VOCD-w	T4	39	85.56	16.84	3.72	.00**
	D4	35	70.59	17.73		

*$p < .05$; ** $p < .01$

表 7-5　全體兒童的十二項語言發展指標之 Pearson 相關考驗結果

	MLU-c	MLU-w	MLU5-c	MLU5-w	Fun	PC	TTR-c	TTR-w	CTTR-c	CTTR-w	VOCD-w	VOCD-c
MLU-c	1.00											
MLU-w	.92**	1.00										
MLU5-c	.75**	.68**	1.00									
MLU5-	.74**	.75**	.84**	1.00								
Fun	.02	.05	-.11	-.03	1.00							
PC	.48**	.39**	.46**	.37**	.24**	1.00						
TTR-c	-.67**	-.66**	-.58**	-.58**	-.00	-.25**	1.00					
TTR-w	-.55**	-.61**	-.42**	-.51**	-.10	-.18*	.82**	1.00				
CTTR-c	.21*	.13	.35**	.31**	.14	.25**	.15	.21*	1.00			
CTTR-w	.37**	.26**	.48**	.39**	.18*	.32**	-.06	.08	.73**	1.00		
VOCD-w	.06	-.10	.25	.11	-.26**	.17*	.23**	.49**	.66**	.64**	1.00	
VOCD-c	.11	.01	.30**	.25**	.13	.20*	.17*	.28**	.82**	.65**	.80**	1.00

*p < .05; ** p < .01

以外）之間的相關係數較低，未達統計上的顯著水準。此外，PC和MLU各指標都呈現中度相關，表示PC和語法向度有顯著相關，此結果可支持本研究介詞和連詞與語法相關之假設，介詞和連詞的使用可顯示兒童在語法上的進步。

而在語意向度的六項指標中，CTTR-c、CTTR-w、VOCD-c，以及VOCD-w四項指標彼此之間有高度相關；而TTR-c及TTR-w則相關性較低，但仍達統計上的顯著水準，此表示語意向度的各指標具內部一致性。此外，TTR-c、TTR-w與MLU各指標，呈現中度負相關，則應該是受到平均語句長度之影響。而MLU-c、MLU-w和VOCD-w之間並無顯著相關，此與Klee等人（2004）之研究結果一致，此顯示語法向度的各項指標和語意向度各項指標並無明顯關聯性。

三、同時效度

本研究採用「華語兒童理解與表達詞彙測驗」（REVT）做為效標，探討本研究之同時效度，並以Pearson相關係數考驗各兒童組的語言發展指標與效標總分是否達顯著相關，分析結果如表7-6所示。

由表7-6可知，4歲發展遲緩兒童組有七項語言發展指標與REVT總分有顯著之相關，其他五項則與REVT總分呈現低度相關，未達統計上的顯著水準。而其他三組受試者的大部分語言發展指標與REVT總分的相關係數都偏低，除了3歲典型發展兒童組和3歲發展遲緩兒童組的Fun、4歲典型發展兒童組的VOCD-c，其他都無顯著相關性。然而，全體兒童的所有語言發展指標與REVT總分之相關性，則皆達統計上的顯著水準，其中MLU-c、MLU-w、MLU5-c、MLU5-w、PC、CTTR-c、CTTR-w、VOCD-c、VOCD-w為中度相關。造成此結果的原因，可能是因為各組的人數太少，在統計上較不容易達顯著水準，以致於影響統計分析的結果。另一個影響的因素，則是REVT和各語言發展指標乃測量

表 7-6　各兒童組的語言發展指標與 REVT 總分之 Pearson 相關考驗結果

	T3 （N = 40）	T4 （N = 39）	D3 （N = 28）	D4 （N = 35）	全體 REVT （N = 142）
MLU-c	-.11	.05	.26	.48**	.49**
MLU-w	.03	.11	.31	.54**	.43**
MLU5-c	.19	.19	.30	.36*	.63**
MLU5-w	.10	.25	.27	.67**	.59**
Fun	-.33*	-.03	.47*	-.01	-.18*
PC	.12	-.10	.22	.32*	.44**
TTR-c	.17	-.01	.22	-.37*	-.29**
TTR-w	.02	.11	.09	-.47**	-.19*
CTTR-c	.18	.28	.22	.16	.56**
CTTR-w	.06	.30	.16	.02	.54**
VOCD-c	-.02	.33**	.29	-.02	.45**
VOCD-w	.03	.13	-.02	-.19	.41**

*$p < .05$; ** $p < .01$

不同向度的語言能力：REVT 主要是測量詞彙量和語意思考能力，而平均語句長度是測量語法能力，其相異／字詞比率、詞彙多樣性、詞類則是和語意有關的指標。

　　此外，受試者在 REVT 施測和語言樣本蒐集兩種情境中，有截然不同的口語表現，也是導致 REVT 總分和語言發展指標相關性不高的因素之一。此外，TTR-c 及 TTR-w 的相關係數較低，且為負相關，推測應該是受到詞彙數量影響。但也同時證實 TTR-c 及 TTR-w 不宜再當做兒童語言發展指標。而 Fun 相關係數較低，且為負相關，則是因為 REVT 總分較低的 3 歲典型發展兒童組和兩組發展遲緩兒童，其語言樣本中出現較多為助詞和嘆詞，使得虛詞數量稍多，以致 Fun 和 REVT 總分呈現負相關的情況。

排除上述人數和受試者表現不一致的因素，全體兒童的所有語言發展指標與 REVT 總分皆具有顯著相關性，此與 Condouris、Meyer 與 Tager-Flusberg（2003）研究標準化測驗和語言樣本分析之關聯性的結果相近，顯示本研究之語言發展指標具有適當的同時效度，且由於 MLU-c、MLU-w、MLU5-c、MLU5-w、PC、CTTR-c、CTTR-w、VOCD-c，以及 VOCD-w 等九項指標，與 REVT 總分皆達中度相關，因此都可視為具中度敏感度的語言發展指標。

貳、信度研究

一、轉錄者間信度

轉錄者間信度之分析方式，係由研究者針對所選取的 40 位兒童之轉錄內容加以檢驗，並分別以「字」和「詞」為單位，計算轉錄者間的一致性，其步驟如下：

1. 研究者先針對轉錄者所選取的 50 個語句（發展遲緩兒童）或 100 個語句（典型發展兒童），逐一檢驗兒童語言錄音樣本，並記錄不一致的「字」和「詞」。一致的判斷原則，在「字」方面，僅需檢驗轉錄的字是否相同；而在「詞」方面，則必須斷詞方式和詞類都相同，才可視為一致。

2. 統計由步驟一檢驗所得到之「一致的字／詞數」和「不一致的字／詞數」，計算以字／詞為單位的轉錄者間一致性，計算公式為下，並四捨五入取至小數點第二位。

$$轉錄者間一致性 = \frac{一致的字／詞數}{（一致的字／詞數＋不一致的字／詞數）}$$

依照上述步驟，完成 40 位兒童之語言樣本的轉錄者間信度分析，其結果可知：

1. 各組以字為單位的轉錄者間一致性為 .95～.96，平均轉錄者間一致性為 .96。

2. 各組以詞為單位的轉錄者間一致性為 .93～.95，平均轉錄者間一致性為 .94。

此數據顯示，本研究之兒童語言樣本，由不同轉錄者來轉錄的正確性仍相當高，並不會因不同的轉錄者轉錄而造成大的誤差。綜合分析出現不一致的情況，其中不一致的「字」，大部分出現在兒童重複說的字、兒童語句清晰度不佳、有兩位以上兒童同時說話，或實驗者和受試兒童同時說話時；而在不一致的「詞」方面，除了上述情況外，斷詞方式和詞類人工修正問題，亦是造成「詞」不一致的因素之一，因而以「詞」為單位的轉錄者間信度較以「字」為單位稍低。由此信度分析結果，「字」比「詞」有較好的轉錄者間信度，但兩者間的差異不大。

二、樣本取樣信度

取樣信度之分析方式，係由研究者針對所選取的 40 位兒童之轉錄內容，檢驗其取樣語句，計算取樣語句的一致性，步驟如下：

1. 研究者先針對轉錄者所選取的 50 個語句（發展遲緩兒童）或 100 個語句（典型發展兒童），逐一檢驗取樣語句是否具代表性，若語句不具代表性，則必須重新選取其他語句，且此語句即視為取樣不一致的語句，檢驗原則如下：

(1)對典型發展兒童而言，每個情境至少必須選取 15 個以上連續、完整、清晰的兒童自發性語句；對 3 歲發展遲緩兒童組而言，每個情境至少必須選取 7 個連續、完整、清晰的兒童自發性語句；對 4 歲發展遲緩兒童組而言，每個情境至少選出 12 個連

續、完整、清晰的兒童自發性語句。

(2) 必須刪除無效語句，例如：省略性答覆、不完整的語句、兒童直接仿說成人的語句、兒童不清晰的語句，以及重複的語句（包括實驗者為確認兒童語句而再重問的對話）。

(3) 斷句必須正確。

2. 檢視步驟一完成後所選取的語句，若語句中出現以下無效字詞之情形，則予以刪除，此語句即視為取樣不一致的語句：

(1) 受到實驗者引導語句的影響，受試者語句中出現「然後」、「還有」等無意義的發語詞。

(2) 「嗯」、「啊」、「那」、「那個」等無意義的發語詞。

(3) 因正常的不流暢或自我修正而產生之重複字詞。

3. 統計由步驟一和步驟二檢驗所得之「取樣不一致的語句數」，計算取樣的一致性，計算公式如下，並四捨五入取至小數點第二位：

$$取樣一致性 = \frac{一致的語句數}{（一致的語句數 + 不一致的語句數）}$$

依照上述步驟，完成 40 位兒童之語言樣本的取樣信度分析，其結果可知，各組的取樣一致性為 .92～.94，平均取樣信度為 .93。此數據顯示，本研究之兒童語言樣本分析所選取的語句，在不同轉錄者間具有高度的取樣一致性，並不會因不同轉錄者而造成取樣上太大的誤差。

綜合分析出現取樣不一致的語句情況，大部分是斷句不正確、無效語句、語句中出現無效字詞等問題。其中，在斷句不正確方面，通常是由於未做適當的斷句，以致於兒童語句過長，此因素將影響平均語句長度的分析結果。而在無效語句方面，則絕大部分為省略性答覆、不完整的語句、重複的語句（包括實驗者為確認兒童語句而再重問的對話）等問題。由此顯示，上述情況為影響語言樣本分析語句選取的信度因素，

因此在進行語言樣本分析時，必須設法減少出現這些情況。

　　本手冊建立 CLSA 十二項指標之信度與效度，在效度方面，關於 3 歲組及 4 歲組典型發展兒童在十二項指標之表現是否達顯著差異，研究結果顯示，4 歲典型發展兒童組之語言發展指標數值皆高於 3 歲典型發展兒童組；而其中，MLU-c、MLU5-c、MLU5-w、CTTR-c、CTTR-w、VOCD-w，以及 PC 等七項指標之差異，達統計上的顯著水準，表示此七項指標可用於評估兒童之語言發展，測量兒童之語言能力依年齡增長而提升之情形。

　　另外，亦對同一年齡層（3 歲組及 4 歲組）典型發展兒童與發展遲緩兒童之間的語言發展指標表現之差異情形進行研究。分析結果顯示：MLU-c、MLU-w、MLU5-c、MLU5-w、CTTR-c、CTTR-w、VOCD-c、VOCD-w，以及 PC 等九項指標，在同年齡典型發展兒童與發展遲緩兒童之間達顯著差異，因此可當成鑑別同年齡典型發展兒童和發展遲緩兒童的語言發展指標。

　　而關於兒童語言發展指標之內部一致性，結果顯示，語法向度的六項指標，除了 Fun 以外，其他的五項指標：MLU-c、MLU-w、MLU5-c、MLU5-w，以及 PC，彼此之間有顯著相關性。語意向度的各指標均具內部一致性，語法向度的各指標和語意向度的各指標則無明顯關聯性。在同時效度部分，研究結果顯示：語言發展指標具有適當的同時效度，MLU-c、MLU-w、MLU5-c、MLU5-w、PC、CTTR-c、CTTR-w、VOCD-c，以及 VOCD-w 等九項指標，與 REVT 總分皆達中度相關。

　　在信度方面，轉錄者間信度結果為 .94 及 .96，樣本取樣信度為 .93。以上研究結果顯示，本手冊所提供之語言樣本蒐集、轉錄、分析方式，可讓專業人員得到信度高之語言樣本分析結果，而本手冊所納入分析之各語言發展指標皆具高效度，可代表兒童在相關語言方面之能力。

、結語

　　語言樣本分析一直是相關專業領域人員在學生時期，或是接受訓練時期所必須習得的一項技能，每個人都做過，但也許作法都不相同，因為華語的語言樣本分析一直缺乏制式的流程及指導守則，使得華語語言樣本分析結果的信度無法提高，也無法做個案間的結果比較，實在是很可惜的一件事，更阻礙了兒童語言發展及兒童語言障礙方面研究的前進。希望這本手冊的出版可以幫助研究者、正在接受訓練之相關人員，以及專業人員取得信效度高之兒童語言能力表現相關資訊，並且能更便利的取得這些資訊。取得這些資訊是重要的，因為專業人員都知道，兒童的語言樣本是珍貴的寶物，它能告訴我們許多有關孩子本身的語言現況，更令人興奮的是，它能幫助我們解開有關華語兒童語言發展及兒童語言障礙未知的謎題，帶領我們走入全新的領域。希望讀者們一起加入蒐集寶物的行列，用這些寶物建造一條閃閃發光的道路，展開華語兒童語言全新的旅程。

參考文獻

中文部分

史惠中（1989）。3～6 歲兒童語言發展的特點報告。心理發展與教育，**3**。中國北京：北京師範大學兒童心理教育研究所。

何永清（2005）。現代漢語語法新探。臺北市：臺灣商務印書館。

佘永吉（2006）。臺灣學齡前兒童口語詞彙資料庫之發展（未出版之博士論文）。國立成功大學，臺南市。

吳啟誠（2002）。語障兒童口語能力指標之信度探究（未出版之碩士論文）。國立嘉義大學，嘉義縣。

李　琳（2014）。漢語普通話語境下學前幼兒語言敘事能力發展研究（未出版之博士論文）。上海外國語大學，上海市。

卓士傑（2008）。臺灣學齡前 3 到 6 歲兒童構音／音韻發展（未出版之碩士論文）。國立臺北護理學院，臺北市。

周　競、李傳江、杜麗君、王飛霞、陳　思（2014）。新疆學前雙語教育情境中民族兒童的漢語發展研究。華東師範大學學報：教育科學版，**32**（1），11-19。

周　競、張鑑如（2009）。漢語兒童語言發展研究：國際兒童語料庫研究方法的應用。中國北京市：教育科學出版社。

林　楓（2015 年 11 月 19 日）。**CLAN 臨床研究應用概要**。取自 http://childes.psy.cmu.edu/clan/Clin-CLAN-zho.pdf

林寶貴、黃玉枝、黃桂君、宣崇慧（2007）。修訂學前兒童語言障礙評量表。臺北市：國立臺灣師範大學特殊教育學系。

張仁俊（1985）。國外關於兒童獲得空間辭彙的研究。心理科學，**2**，43-48。

張正芬、鐘玉梅（1986）。學前兒童語言發展量表之修訂及其相關研究。**特殊教育研究學刊，2**，37-52。

張顯達（1998）。平均語句長度在中文的應用。**聽語會刊，13**，13。

張顯達、張鑑如、柯華葳、蔡素娟（2011）。**台灣兒童語言語料庫（TCCM）分詞標準**。台灣兒童語言語料庫之建置（NSC96-2420-H-002-030）。

程小危（1988）。「不」跟「沒有」：國語幼兒初期否定句之發展歷程。**中華心理學刊，30**（1），47-63。

許其清（2009 年 11 月 26 日）。**中文相關之國家標準：中文分詞處理原則**。取自 http://www.ipama-age.org/news/20091126.html

陳凱玫（2010）。**兒童構音與音韻測驗編製之研究**（未出版之碩士論文）。臺北市立教育大學，臺北市。

湯廷池（2002）。**漢語詞法句法三集**。臺北市：臺灣學生書局。

黃慈芳（2011）。**AssistClan 2.1 使用手冊**（未出版之碩士論文）。臺北市立教育大學，臺北市。

黃瑞珍、簡欣瑜、朱麗璇、盧　璐（2011）。**華語兒童理解與表達詞彙測驗（第二版）**。臺北市：心理。

廖佳玲（2011）。**學前兒童句型使用之研究**（未出版之碩士論文）。臺北市立教育大學，臺北市。

劉月華、潘文娛、故　韡（1996）。**實用現代漢語語法**。臺北市：師大書苑。

劉芫君（2011）。**3〜5 歲典型與遲緩兒童詞彙習得之追蹤研究**（未出版之碩士學位）。臺北市立教育大學，臺北市。

蔡宜芳（2009）。**華語 3〜5 歲兒童語言樣本分析之研究**（未出版之碩士論文）。臺北市立教育大學，臺北市。

鄭靜宜、林佳貞、謝孝萱（2003）。**電腦化國語構音能力評量系統的發**

展。發表於中華民國聽力語言學會學術研討會，臺北市。

錡寶香（2002）。嬰幼兒溝通能力之發展：家長的長期追蹤記錄。**特殊 教育學報，16**，23-64。

錡寶香（2009）。**兒童語言與溝通發展**。臺北市：心理。

顏秀靜（2011）。**學前兒童量詞習得之追蹤研究**（未出版之碩士論文）。 臺北市立教育大學，臺北市。

英文部分

Aguilar-Mediavilla, E. M., Sanz-Torrent, M., & Serra-Raventós, M. (2002). A comparative study of the phonology of pre-school children with specific language impairment (SLI), language delay (LD) and normal acquisition. *Clinical Linguistics & Phonetics, 16*(8), 573-596.

Aram, D. M., Ekelman, B. L., & Nation, J. E. (1984). Preschoolers with language disorders 10 years later. *Journal of Speech, Language, and Hearing Research, 27*(2), 232-244.

Bedore, L. M., & Leonard, L. B. (1998). Specific language impairment and grammatical morphology: A discriminant functionaAnalysis. *Journal of Speech, Language, and Hearing Research, 41*(5), 1185-1192.

Bedrosian, J. L. (1985). An approach to developing conversational competence. In D. N. Ripich & F. M. Spinelli (Eds.), *School discourse problems* (pp. 231-255). San Diego, CA: College-Hill Press.

Bloom, L. (1993). Language acquisition and the power of expression. In H. Roitblat, L. Herman, & P. Nachtigall (Eds.), *Language and communication: Comparative perspectives* (pp. 95-113). Hillsdale, NJ: Lawrence Erlbaum Associates.

Boscolo, B., Bernstein Ratner, N., & Rescorla, L. (2002). Fluency of school-aged children with a history of specific expressive language impairment: An exploratory study. *American Journal of Speech Language Pathology, 11*, 41-49.

Brown, R. (1973). *A first language: The early stages*. Cambridge, MA: Harvard University Press.

Casby, M. W. (2011). An examination of the relationship of sample size and mean length of utterance for children with developmental language impairment. *Child Language Teaching and Therapy, 27*(3), 286-293.

Condouris, K., Meyer, E., & Tager-Flusberg, H. (2003). The relationship between standardized measures of language and measures of spontaneous speech in children with autism. *American Journal of Speech-Language Pathology, 12*(3), 349-358.

Craig, H. K., & Washington, J. A. (2000). An assessment battery for identifying language impairments in African American children. *Journal of Speech Language and Hearing Research, 43*(2), 366-379.

Crystal, D., Fletcher, P., & Garman, M. (1976). *The grammatical analysis of language disability: A procedure for assessment and remediation* (Vol. 1). London, UK: Edward Arnold.

Crystal, D., Fletcher, P., & Garman, M. (1989). *Grammatical analysis of language disability*. London, UK: Cole and Whurr.

Dollaghan, C., & Campbell, T. F. (1998). Nonword repetition and child language impairment. *Journal of Speech Language and Hearing Research, 41*(5), 1136-1146.

Eisenberg, S. L., Ukrainetz, T. A., Hsu, J. R., Kaderavek, J. N., Justice, L. M., & Gillam, R. B. (2008). Noun phrase elaboration in children's spoken stories. *Lang Speech Hear Serv Sch, 39*(2), 145-157.

Evans, J. L., & Craig, H. K. (1992). Language sample collection and analysis: Interview compared to freeplay assessment contexts. *Journal of Speech and Hearing Research, 35*(2), 343-353.

Finestack, L. H., Payesteh, B., Disher, J. R., & Julien, H. M. (2014). Reporting child language sampling procedures. *Journal of Speech Language and Hearing Research, 57*(6), 2274-2279.

Fletcher, P. (1999). Specific language impairment. *The Development of Language*, 349-371.

Fletcher, P., & Peters, J. (1984). Characterizing language impairment in children: An exploratory study. *Language Testing, 1*(1), 33-49.

Gavin, W. J., & Giles, L. (1996). Sample size effects on temporal reliability of language sample measures of preschool children. *Journal of Speech and Hearing Research, 39*(6), 1258-1262.

Gavin, W. J., Klee, T., & Membrino, I. (1993). Differentiating specific language impairment from normal language-development using grammatical analysis. *Clinical Linguistics & Phonetics, 7*(3), 191-206.

Guo, L.-Y., Tomblin, J. B., & Samelosm, V. (2008). Speech disruption in the narratives of English-speaking children with specific language impairment. *Journal of Speech, Language, and Hearing Research, 51*, 772-738.

Gutierrez-Clellen, V. F., & Simon-Cereijido, G. (2007). The discriminant accuracy of a grammatical measure with Latino English-speaking children. *Journal of Speech Language and Hearing Research, 50*(4), 968-981.

Heilmann, J. J., Miller, J. F., & Nockerts, A. (2010). Using language sample databases. *Language Speech and Hearing Services in Schools, 41*(1), 84-95.

Heilmann, J., Nockerts, A., & Miller, J. F. (2010). Language sampling: Does the length of the transcript matter? *Lang Speech Hear Serv Sch, 41*(4),

393-404.

Heilmann, J., Miller, J. F., Nockerts, A., et al. (2010). Properties of the narrative scoring scheme using narrative retells in young school-age children. *Am J Speech Lang Pathol, 19*, 154-166.

Heilmann, J., Miller, J., Iglesias, A., Fabiano-Smith, L., Nockerts, A., & Digney-Andriacchi, K. (2008). Narrative transcription accuracy and reliability in two languages. *Topics in Language Disorders, 28*, 178-188.

Hess, C. W., Sefton, K. M., & Landry, R. G. (1986). Sample-size and type-token ratios for oral language of preschool-children. *Journal of Speech and Hearing Research, 29*(1), 129-134.

Hewitt, L. E., Hammer, C. S., Yont, K. M., & Tomblin, J. B. (2005). Language sampling for kindergarten children with and without SLI: Mean length of utterance, IPSYN, and NDW. *Journal of Communication Disorders, 38*(3), 197-213.

Hickey, T. (1991). Mean length of uterance and the acquisition of Irish. *Journal of Child Language, 18*(3), 553-569.

Ingram, K., Bunta, F., & Ingram, D. (2004). Digital data collection and analysis application for clinical practice. *Lang Speech Hear Serv Sch, 35*(2), 112-121.

Klee, T. (1992). Developmental and diagnostic characteristics of quantitative measures of children's language production. *Topics in Language Disorders, 12*(2), 28-41.

Klee, T., Stokes, S. F., Wong, A. M. Y., Fletcher, P., & Gavin, W. J. (2004). Utterance length and lexical diversity in Cantonese-speaking children with and without specific language impairment. *Journal of Speech Language and Hearing Research, 47*(6), 1396-1410.

Layton, T. L., Crais, E. R., & Watson, L. R. (2000). *Handbook of early language impairment in children: Nature.* Independence, KY: Delmar Thomson Learning.

Leadholm, B. J., & Miller, J. F. (1992). *Language sample analysis: The Wisconsin guide.* Madison, WI: Wisconsin Department of Public Instruction.

Lee, L. L. (1974). *Developmental sentence analysis: A grammatical assessment procedure for speech and language clinicians.* Evanston, IL: Northwestern University Press.

MacWhinney, B. (2014). *The childes project: Tools for analyzing talk (Volume I): Transcription format and programs.* New York, NY: Taylor & Francis.

McKee, G., Malvern, D., & Richards, B. (2000). Measuring vocabulary diversity using dedicated software. *Literary and Linguistic Computing, 15*(3), 323-338.

Miles, S., Chapman, R., & Sindberg, H. (2006). Sampling context affects MLU in the language of adolescents with down syndrome. *Journal of Speech, Language, and Hearing Research, 49*(2), 325-337.

Miller, J. F. (1981). *Assessing language production in children.* NJ: Allyn & Bacon.

Miller, J. F. (1991). Quantifying productive language disorders. *Research on Child Language Disorders: A Decade of Progress*, 211-220.

Miller, J. F., & Chapman, R. S. (1981). The relation between age and mean length of utterance in morphemes. *Journal of Speech and Hearing Research, 24*(2), 154-161.

Miller, J. F., Andriacchi, K., & Nockerts, A. (2011). *Assessing language production using SALT software: A clinician's guide to language sample analysis.* Madison, WI: SALT Software, LLC.

Miller, J., & Chapman, R. (2000). *Systematic analysis of language transcripts (Version 6.1)* [Computer software]. Madison, WI: Language Analysis Laboratory, University of Wisconsin-Madison, Waisman Center.

Naremore, R. C., Densmore, A. E., & Harman, D. R. (2001). *Assessment and treatment of school-age language disorders: A resource manual.* Independence, KY: Singular Thomson Learning.

Nelson, K. (1973). Structure and strategy in learning to talk. *Monographs of the Society for Research in Child Development*, 1-135.

Norbury, C. F., & Bishop, D. (2003). Narrative skills of children with communication impairment. *International Journal of Language and Communication Disorders, 38*, 287-313.

Owen, A. J., & Leonard, L. B. (2002). Lexical diversity in the spontaneous speech of children with specific language impairment application of D. *Journal of Speech, Language, and Hearing Research, 45*(5), 927-937.

Owens, R. E. (2013). *Language disorders: A functional approach to assessment and intervention.* Boston, MA: Pearson Education.

Parker, M. D., & Brorson, K. (2005). A comparative study between mean length of utterance in morphemes (MLUm) and mean length of utterance in words (MLUw). *First Language, 25*(3), 365-376.

Paul, R., & Norbury, C. (2012). *Language disorders from infancy through adolescence: Listening, speaking, reading, writing, and communicating.* Philadelphia, PA: Elsevier Health Sciences.

Plante, E., & Vance, R. (1994). Selection of preschool language tests: A data-based approach. *Lang Speech Hear Serv Sch, 25*(1), 15-24.

Price, J. R., Roberts, J. E., Hennon, E. A., Berni, M. C., Anderson, K. L., & Sideris, J. (2008). Syntactic complexity during conversation of boys with

fragile X syndrome and down syndrome. *Journal of Speech, Language, and Hearing Research, 51*(1), 3-15.

Ratner, N. B., & Brundage, S. B. (2015, August 28). *A clinician's complete guide to CLAN and PRAAT.* Retrieved from http://childes.psy.cmu.edu/clan/Clin-CLAN.pdf

Retherford, K. S. (2000). *Guide to analysis of language transcripts.* Austin, TX: Thinking Publications.

Rice, M. L., Redmond, S. M., & Hoffman, L. (2006). Mean length of utterance in children with specific language impairment and in younger control children shows concurrent validity and stable and parallel growth trajectories (vol. 49). *Journal of Speech Language and Hearing Research, 49*(5), 793.

Rispoli, M. (2003). Changes in the nature of sentence production during the period of grammatical development. *Journal of Speech, Language, and Hearing Research, 44*, 1131-1143.

Robertson, S. B., & Weismer, S. E. (1999). Effects of treatment on linguistic and social skills in toddlers with delayed language development. *Journal of Speech, Language, and Hearing Research, 42*(5), 1234-1248.

Rollins, P. R., Snow, C. E., & Willett, J. B. (1996). Predictors of MLU: Semantic and morphological developments. *First Language, 16*(47), 243-259.

Rondal, J. A., Ghiotto, M., Bredart, S., & Bachelet, J. F. (1987). Age-relation, reliability and grammatical validity of measures of utterance length. *Journal of Child Language, 14*(3), 433-446.

Sawyer, J., & Yairi, E. (2006). The effect of sample size on the assessment of stuttering severity. *American Journal of Speech-Language Pathology, 15*(1), 36-44.

Scarborough, H. S. (1990). Index of productive syntax. *Applied Psycholinguis-*

tics, 11, 1-22.

Schneider, P., & Hayward, D. (2010). Who does what to whom: Introduction of reference in children's storytelling from pictures. *Language, Speech, and Hearing Services in Schools, 41*, 459-473.

Scott, C., & Windsor, J. (2000). General language performance measures in spoken and written narrative and expository discourse of school-age children with language learning disabilities. *Journal of Speech, Language, and Hearing Research, 43*, 324-339.

Southwood, F., & Russell, A. E. (2004). Comparison of conversation, freeplay, and story generation as methods of language sample elicitation. *Journal of Speech Language and Hearing Research, 47*(2), 366-376.

Templin, M. C. (1957). *Certain language skills in children: Their development and interrelationships.* Minneapolis, MN: University of Minnesota Press.

Thordardottir, E. T., & Weismer, S. E. (1998). Mean length of utterance and other language sample measures in early Icelandic. *First Language, 18*(52), 1-32.

Tilstra, J., & McMaster, K. (2007). Productivity, fluency, and grammaticality measures from narratives potential indicators of language proficiency? *Communication Disorders Quarterly, 29*(1), 43-53.

Vandewalle, E., Boets, B., Boons, T., Ghesquière, P., & Zink, I. (2012). Oral language and narrative skills in children with specific language impairment with and without literacy delay: A three-year longitudinal study. *Research in Developmental Disabilities, 33*(6), 1857-1870.

Watkins, R. V., Kelly, D. J., Harbers, H. M., & Hollis, W. (1995). Measuring children's lexical diversity differentiating typical and impaired language learners. *Journal of Speech, Language, and Hearing Research, 38*(6), 1349-1355.

附錄

附錄一　CLSA 基礎分析空白表單

【CLSA 收錄表】

收錄者：＿＿＿＿＿＿＿＿　　　　　　　　　個案編號：＿＿＿＿＿＿

個案姓名			性別	□男　□女	生日	民國　年　月　日
收錄情境	□情境一　□情境二　□情境三　□情境四					
錄影／錄音檔名						
收錄地點			互動形式	□交談　□自由遊戲　□敘事		
收錄日期	民國　年　月　日		收錄時間	＿時＿分～＿時＿分／共＿分		
誘發題材			兒童總語句數		有效語句數	
參與人員	□兒童（C）　□收錄者（E）＿＿＿＿＿（姓名）　□媽媽（M） □爸爸（D）　□老　師（T）　□其他（代號）＿＿＿＿＿					
紀錄方式	□攝影機　□錄音筆　□其他錄音設備　□其他＿＿＿＿					
＊需要引導協助	□很少（幾乎不需要引導）　□有時（2～5次） □經常（6～9次）　□總是					
＊兒童焦慮情形						
＊其他特殊情況						

【CLSA 轉錄表】

轉錄者：_____　　　　　　　　　　　　個案編號：_____

編號	成人／其他說者的語句	語境（非口語的訊息）	編號	兒童語句

【兒童 100 個有效語句使用詞類分析】

情境（　　）		詞類分析											
語句轉錄		詞數	實詞數							虛詞數			
編號	兒童語句		名	動	形	數	量	代	副	介	連	助	嘆
1													
2													
3													
4													
5													
6													
7													
8													
9													
10													
11													
12													
13													
14													
15													
16													
17													
18													
19													
20													
21													
22													
23													
24													
25													
26													
27													
28													
29													
30													
31													
32													
33													
34													

情境（　　）		詞類分析											
語句轉錄		詞數	實詞數							虛詞數			
編號	兒童語句		名	動	形	數	量	代	副	介	連	助	嘆
35													
36													
37													
38													
39													
40													
41													
42													
43													
44													
45													
46													
47													
48													
49													
50													
51													
52													
53													
54													
55													
56													
57													
58													
59													
60													
61													
62													
63													
64													
65													
66													
67													
68													

情境（　　）		詞類分析											
語句轉錄		詞數	實詞數							虛詞數			
編號	兒童語句		名	動	形	數	量	代	副	介	連	助	嘆
69													
70													
71													
72													
73													
74													
75													
76													
77													
78													
79													
80													
81													
82													
83													
84													
85													
86													
87													
88													
89													
90													
91													
92													
93													
94													
95													
96													
97													
98													
99													
100													
	合計												

【詞類分析結果】

	詞類	100 個詞中之詞類數	200 個詞中之詞類數
實詞	名詞（N）		
	動詞（V）		
	形容詞（A）		
	數詞（Neu）		
	量詞（Nf）		
	代詞（Nh）		
	副詞（D）		
	合計		
虛詞	介詞（P）		
	連詞（C）		
	助詞（T）		
	嘆詞（I）		
	合計		

【個案基本資料表】

姓名		性別	□男 □女	就讀學校	□幼兒園 □早療或特教機構 □無		
收錄日期		民國　　　年		月		日	
出生日期		民國　　　年		月		日	
實足年齡		歲		月			

家庭狀況	◎家中排行：□老大　□中間　□最小 ◎主要照顧者教育程度：□父　□母　□其他＿＿＿＿＿＿ 　□高中職以下　□專科畢業　□大學畢業　□碩士　□博士 ◎主要經濟來源者的職業：＿＿＿＿＿＿＿＿ ◎主要使用語言：□國 □國+台 □國+客 □客 □台 □國+外語 □其他 ◎雙親國籍：□均為本國籍　□其中一方為本國籍　□其他 ◎領有殘障手冊： 　□無 □有（障礙程度：□輕 □中 □重　類別＿＿＿＿＿） ◎主要聯絡人：＿＿　聯絡電話（H）＿＿＿＿＿（手機）＿＿＿＿＿
其他特殊事項	

【CLSA 基礎分析結果彙整表】

兒童語言樣本各指標		分析結果		
一、計算總字數及總詞數		總字數		
		總詞數		
三、計算實詞和虛詞數量		二、計算各種詞類數（200 個詞）	個數	百分比（%）
實詞		名詞（N）		
		動詞（V）		
		形容詞（A）		
		數詞（Neu）		
		量詞（Nf）		
		代詞（Nh）		
		副詞（D）		
		實詞百分比		
虛詞		介詞（P）		
		連詞（C）		
		助詞（T）		
		嘆詞（I）		
		虛詞百分比		
四、計算字彙多樣性／詞彙多樣性		VOCD-c		
		VOCD-w		
五、計算平均語句長度（MLU）		MLU-c		
		MLU-w		
六、計算最長 5 個語句平均長度（MLU5）		MLU5-c		
		MLU5-w		

附錄二 AssistClan 2.2 程式說明

（2016 年修改自黃慈芳，2011）

前言

AssistClan 2.2 是為了進行華語兒童語言樣本分析時，使用國際兒童口語語料庫 CHILDES（Child Language Data Exchange System）的語料分析程式 CLAN 而設計的輔助程式。

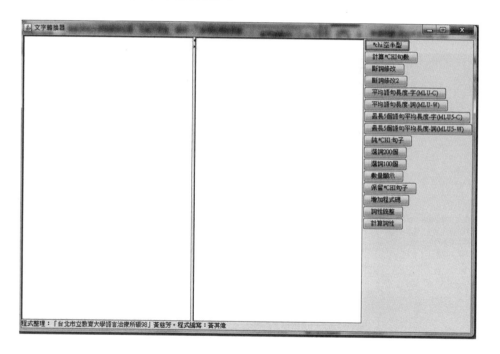

壹、AssistClan 2.2 安裝說明

語言樣本分析前置作業：安裝 Java 系統

（一）下載 Java 軟體

　　請確定網路已連線，並到 https://www.java.com/zh_TW/download/，下載 Java 軟體。請注意：執行 AssistClan 2.2 時，需使用 Version 8 Update 60 以上之 Java 版本，若是較舊之版本，會出現無法執行 AssistClan 2.2 之狀況。

（二）執 行

　　按下【免費 Java 下載】鍵後，再按下【同意並開始免費下載】鍵，視窗底下會出現執行、儲存、取消三個選項，請按【執行】鍵。

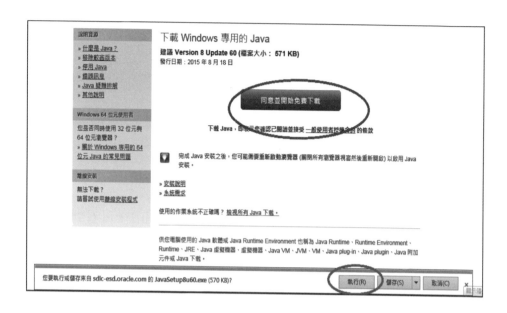

（三）安裝

之後會看到【安裝】鍵，安裝完成後會看到以下圖案，即成功安裝 Java 軟體，此時即可準備使用 AssisClan 2.2 了。

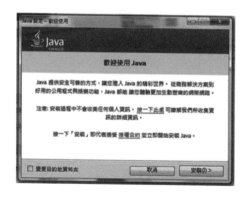 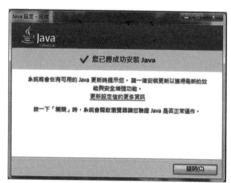

（四）啟動 AssistClan 2.2

在本書光碟 AssistClan 2.2 的資料夾中，可以見到以下圖示，此即為 AssistClan 2.2。

AssistClan 2.2.jar

在此程式按兩下後，即可啟動 AssistClan 2.2，開啟後可看到以下畫面。

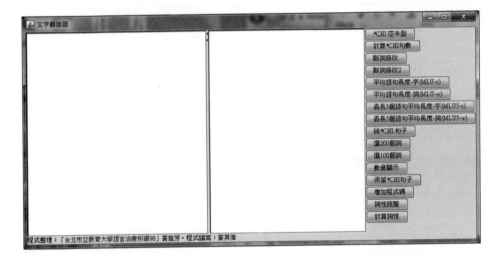

（五）使用 AssistClan 2.2 輔助分析語言樣本需知

- 若讀者使用的是 Windows 系統

  Ctrl + A →全選

  Ctrl + C →複製

  Ctrl + V →貼上

- 若讀者使用的是 Mac 系統

command ＋ A→全選

command ＋ C→複製

command ＋ V→貼上

・需要處理的文件貼在左框，處理完成會顯示在右框。

 貳、AssistClan 2.2 按鍵介紹

一、【*CHI 空半型】

CLAN 在進行轉換時，需要將每一個兒童的有效語句前面都加上「*CHI」，並且將每個字前面空半型。【*CHI空半型】鍵則是協助將每個有效語句中，每個字前面都能夠空半型。

請注意：每一個有效語句前須有「(*CHI:)」，AssistClan 2.2 才能進行轉換。

・轉換前：*CHI:大恐龍的故事
・轉換後：*CHI: 大 恐 龍 的 故 事

二、【計算*CHI 句數】

有時在選擇有效語句時，會忘記選擇了幾個有效語句，【計算*CHI 句數】鍵能夠協助讀者計算有效語句數，「(*CHI:)」的數量則是已選擇的有效語句數。

請注意：每一個有效語句前須有「(*CHI:)」，AssistClan 2.2 才能進行轉換。

・轉換前：*CHI:大恐龍的故事
　　　　　　　　至
　　　　　　　*CHI:整個都關起來了

・轉換後：*CHI:數量 100

三、【斷詞修改】

在中研院斷詞系統轉換後，需整理成 CLAN 能夠判讀的格式，【斷詞修改】鍵能夠協助讀者整理成有效格式。

請注意：・轉換後最上方有一行空白的「*CHI:」，請記得刪除。

・【斷詞修改2】鍵只能協助整理斷詞，但是無法自動修正詞性，仍需進行人工修正。

轉換前：*CHI(FW): (COLONCATEGORY)

大(VH) 恐龍(Na) 的(DE) 故事(Na) *CHI(FW) :(COLONCAT-EGORY)

轉換後：*CHI:

　　　　*CHI: 大(VH) 恐龍(Na) 的(DE) 故事(Na)

四、【斷詞修改2】

若要刪除每一個詞彙後的詞性「( )」是十分繁瑣的過程，【斷詞修改2】鍵能夠協助讀者進行整理。

轉換前：*CHI: 大(VH) 恐龍(Na) 的(DE) 故事(Na)

轉換後：*CHI: 大 恐龍 的 故事

五、【平均語句長度-字(MLU-c)】

AssistClan 2.2 能夠協助將以字為單位的有效語句進行分析，計算每個字並除以有效語句數，且計算至小數點以下二位。

請注意：每一個語句前需有「(*CHI:)」，AssistClan 2.2 才能進行計算。

　　轉換前：*CHI: 大恐龍的故事

　　　　　　　　　至

*CHI: 整個都關起來了

　　轉換後：Ratio of morphemes over utterances 5.19（平均語句長度-字）

　　　　　　Number of morphemes 519　　　　　　（總字數）

　　　　　　Number of utterances 100　　　　　　（總句數）

六、【平均語句長度-詞(MLU-w)】

AssistClan 2.2 能夠協助將以詞為單位的有效語句進行分析，計算總詞數並除以有效語句數。

　　請注意：每一個語句前需有「(*CHI:)」，每個詞後須有詞性（如：(Nh)），AssistClan 2.2 才能進行計算。

　　轉換前：*CHI: 大恐龍的故事

　　　　　　　　　至

　　　　　　*CHI: 整個都關起來了

　　轉換後：Ratio of morphemes over utterances 3.69（平均語句長度-詞）

　　　　　　Number of morphemes 375　　　　　　（總詞數）

　　　　　　Number of utterances 100　　　　　　（總句數）

七、【最長 5 個語句平均長度-字(MLU5-c)】

AssistClan 2.2 能夠協助計算每個語句的字數，並挑選出最長的 5 個語句。

　　請注意：每個語句前須有「(*CHI:)」，AssistClan 2.2 才能行判定。

轉換前：*CHI: 大恐龍的故事

　　　　至

　　　　*CHI: 整個都關起來了

轉換後：MLU5-c = 10.4

　　　　Number of morphemes of chosen words 10

　　　　*CHI:我再抓一個給你吃下去

　　　　Number of morphemes of chosen words 10

　　　　*CHI:這個有車車人房子都有

　　　　Number of morphemes of chosen words 11

　　　　*CHI:這個電池裝進去它才會跑

　　　　Number of morphemes of chosen words 11

　　　　*CHI:直昇機消防車警察車火車

　　　　Number of morphemes of chosen words 10

　　　　*CHI:還有媽媽剛剛削的那個

八、【最長 5 個語句平均長度-詞(MLU5-w)】

AssistClan 2.2 能夠協助計算每個語句的詞數，並挑選出最長的 5 個語句。

請注意：每個語句前須有「(*CHI:)」，每個詞後須有詞性（例如：(Nh)），AssistClan 2.2 才能進行判定。

轉換前：*CHI: 大(A)　恐龍(N)　的(T)　故事(N)

　　　　至

　　　　*CHI: 整個(Nf)　都(D)　關起(V)　來(V)　了(T)

轉換後：MLU5-w = 7.8

　　　　Number of morphemes of chosen words 8

　　　　*CHI: 我(Nh)　再(D)　抓(VC)　一(Neu)　個(Nf)　給(VD)

你(Nh)　吃下去(V)

Number of morphemes of chosen words 7

*CHI:　這(Nep)　個(Nf)　有(V)　車車人(N)　房子(N)
都(D)　有(V)

Number of morphemes of chosen words 9

*CHI:　這(Nh)　個(Nf)　電池(N)　裝進(V)　去(D)
它(Nh)　才(D)　會(D)　跑(V)

Number of morphemes of chosen words 8

*CHI:　還(D)　有(V)　媽媽(N)　剛剛(D)　削(V)　的
(T)　那(Nh)　個(Nf)

Number of morphemes of chosen words 7

*CHI:　因為(C)　我(Nh)　把(P)　你(Nh)　關起(V)
來(V)　了(D)

九、【純*CHI 句子】

如果有需要，【純*CHI】鍵能夠去除每一行語句前的「(*CHI:)」。

轉換前：*CHI:　大(A)　恐龍(N)　的(T)　故事(N)

轉換後：大(A)　恐龍(N)　的(T)　故事(N)

十、【選 200 個詞】

【選 200 個詞】鍵能夠將所有的詞平均分成三等分，第一等分取前
60 個詞，第二等分取前 70 個詞，第三等分取前 70 個詞，共計 200 個詞。

請注意：每個詞後須有詞性（例如：大(A)），AssistClan 2.2 才能進
行轉換。

十一、【選 100 個詞】

　　【選 100 個詞】鍵能夠將所有的詞平均成三等分，第一等分取前 30 個詞，第二等分取前 35 個詞，第三等分取前 35 個詞，共計 100 個詞。

　　請注意：每個詞後須有詞性（例如：大(VH)），AssistClan 2.2 才能進行轉換。

　　轉換前：*CHI: 大(A)恐龍(N)的(T)故事(N)

　　　　　　至

　　　　　　*CHI: 整個(Nf)都(D)關起(V)來(V)了(D)

　　轉換後：1:

　　　　　　*CHI:大(A)恐龍(N)的(T)故事(N)

　　　　　　*CHI:在(P)大便(N)

　　　　　　*CHI:牠(Nh)在(P)坐(V)馬桶(N)大便(N)

　　　　　　*CHI:我(Nh)的(T)

　　　　　　*CHI:給(V)你(Nh)呀(T)

　　　　　　*CHI:我(Nh)再(D)抓(V)一(Neu)個(Nf)給(V)你(Nh)吃下去(V)

　　　　　　*CHI:貓咪(N)

　　　　　　*CHI:你(Nh)看(V)有(V)這(Nh)個(Nf)

　　　　　　2:

　　　　　　沒有(D)

　　　　　　*CHI:牠(Nh)的(T)

　　　　　　*CHI:熊熊(N)的(T)

　　　　　　*CHI:這(Nh)個(Nf)垃圾車(N)

　　　　　　*CHI:開口(N)

　　　　　　*CHI:它(Nh)後面(N)有(V)開口(N)

*CHI:這(Nh)個(Nf)是(V)載土(N)的(T)

*CHI:要(D)啊(T)

*CHI:它(Nh)就(D)不會(D)動(V)

*CHI:直昇機(N)消防車(N)警察車(N)火車(N)

*CHI:喜歡(V)

*CHI:姑姑(N)你(Nh)買給(V)我(Nh)好不好(A)

*CHI:因為(C)

3:

後山(N)

*CHI:因為(C)我(Nh)沒有(D)看(V)路(N)

*CHI:路(N)很(D)陡(A)會(D)摔下去(V)

*CHI:要(D)小心(V)

*CHI:這(Nh)個(Nf)已經(D)玩(V)

*CHI:過(D)了(T)

*CHI:代表(V)玩(V)過(D)了(T)

*CHI:這(Nh)個(Nf)沒有(D)

*CHI:剛才(N)媽媽(N)用(V)的(T)那(Nh)個(Nf)

*CHI:我們(Nh)家(N)有(V)

十二、【數量顯示】

目前無需此項功能。

十三、【保留*CHI 句子】

在進行轉錄時，若有成人的部分，CHAT 的格式會有「*EXP:」、「%exp:」等符號，AssistClan 2.2 能夠去除「*EXP:」（成人語句）的語句，但仍需進行人工刪除，確保不會刪除到有效語句。

轉換前：*CHI: 阿媽. （省略性答覆，為無效語句。）

　　　　*EXP: 你每天聽到這個聲音就是要怎麼樣?

　　　　*CHI: 要躲起來.

轉換後：*CHI: 阿媽. （省略性答覆，為無效語句。）

　　　　*CHI: 要躲起來.

　　　　*CHI: 我要把這個放好.

十四、【增加程式碼】

以 CLAN 進行分析時，需在語句前後新增程式碼，但程式碼若有些許錯誤，CLAN 就無法分析，因此 AssistClan 2.2 能協助讀者新增程式碼，確保語言樣本能順利進行。

請注意：此程式碼代表的是個案的出生年齡、性別、檔案編號、個案的類型等基本資料，本須依照學生的不同資料進行修改，但因程式碼若有錯誤就無法分析，建議不要更動，此亦不會影響分析數據。

轉換前：*CHI:大(A)恐龍(N)的(T)故事(N)

　　　　*CHI:在(P)大便(N)

　　　　*CHI:牠(Nh)在(P)坐(V)馬桶(N)大便(N)

轉換後：@UTF8

　　　　@Begin

　　　　@Languages: zh

　　　　@Participants: CHI T3102 Child, EXP experimenter

　　　　@ID:　zh|97|CHI|3;4|male| T3102||Target_Child||

　　　　*CHI:大(A)恐龍(N)的(T)故事(N)

　　　　*CHI:在(P)大便(N)

　　　　*CHI:牠(Nh)在(P)坐(V)馬桶(N)大便(N)

　　　　@End

十五、【詞性統整】

　　在進行中文斷詞後，須將各詞性進行修正，並呈現固定的 11 種形式，AssistClan 2.2 能協助讀者進行修正。

　　請注意：AssistClan 2.2 只能協助進行修正，但無法判斷詞彙是否適合該種詞性，仍需進行人工判定，例如「的(DE)」需進行人工判定為「的(T)」。

　　轉換前：*CHI:　　大(VH)　恐龍(Na)　的(DE)　故事(Na)

　　轉換後：*CHI:　　大(A)　恐龍(N)　的(DE)　故事(N)

　　需人工修正為：*CHI:　　大(A)　恐龍(N)　的(T)　故事(N)

十六、【計算詞性】

　　【詞性計算】鍵能夠協助計算各種詞性的數量，並且計算百分比。

　　請注意：每個詞的後面需有詞性（例如：大(VH)），並且轉換成 11 種形式後（如：大(A)），才能夠進行轉換。若有實詞＋虛詞不是 100 個詞或 200 個詞，請檢查是否為以下 11 種詞性：（1）名詞（N）；（2）動詞（V）；（3）形容詞（A）；（4）數詞（Neu）；（5）量詞（Nf）；（6）代詞（Nh）；（7）副詞（D）；（8）介詞（P）；（9）連詞（C）；（10）助詞（T）；（11）嘆詞（I）。

　　轉換前：*CHI:大(A)恐龍(N)的(T)故事(N)

轉換後：名詞(N)	2 個	50%
動詞(V)	0 個	0%
形容詞(A)	1 個	25%
數詞(Neu)	0 個	0%

量詞(Nf)	0 個	0%
代詞(Nh)	0 個	0%
副詞(D)	0 個	0%
實詞	4 個	100%
介詞(P)	0 個	0%
連詞(C)	0 個	0%
助詞(T)	1 個	25%
嘆詞(I)	0 個	0%
虛詞	0 個	0%

附錄三　CLAN 分析指令

　　使用 CLAN 進行分析之前，須將欲分析的內容以符合 CHAT 格式的方式標記，儲存為以「.cha」為副檔名的檔案。產生「.cha」檔案的方法，可透過 AssistClan 2.2「增加程式碼」的功能，將 CHAT 格式所需要的檔案表頭和結尾的標記自動加入，再儲存為「.cha」檔案，詳細步驟請參考附錄二 AssistClan 2.2 使用手冊的說明。或是直接使用文字編輯軟體，直接輸入 CHAT 格式所需要的檔案表頭和結尾的標記，再儲存為以「.cha」為副檔名的檔案。

　　將特定的「.cha」檔案指定給 CLAN 程式進行分析的方法，請參考第四章電腦軟體 CLAN 分析方式的說明。透過點選 File In 的按鈕設定所欲分析的「.cha」檔案。接下來在 command 視窗中（下圖箭頭所指之空白框）貼上以下所整理的各個 CLAN 分析各語言發展指標之指令，再點選 Run 按鈕，即可執行該指令所對應的分析。

```
Commands                                    —  □  X
  working   C:\talkbank\clan\examples\
  output
  lib       C:\talkbank\clan\lib\
  mor lib   C:\talkbank\clan\lib\
  Progs    ▼                              Help

  ↖

            Press Up or Down Arrow Key on
  Recall    keyboard for Previous or Next    Run
            Command
```

CLAN 分析各語言發展指標之指令：

1. 計算 MLU：「mlu +t*CHI -t%mor @」。

2. 找出 5 個最長的句子：「maxwd +t*CHI +g2 +c5 +d0 @」。

3. 計算 MLU5：「maxwd +t*CHI +g2 +c5 +d1 @ | mlu -t%mor」。

4. 計算 VOCD：「vocd +t*CHI +r6 @」。

以字為單位或以詞為單位的分析在指令上並沒有差異，而是因待分析的「.cha」檔案中，是以字為單位來斷詞或以詞為單位來斷詞所記錄的內容，產生對應字或詞為目標的分析結果。換言之，在一開始選擇「File In」的檔案時，就必須依照分析的目標，來選擇相關的「.cha」檔案。

❀筆記欄❀

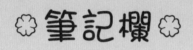

❀筆記欄❀

❀ 筆記欄 ❀

國家圖書館出版品預行編目（CIP）資料

華語兒童語言樣本分析：使用手冊／
黃瑞珍等著. --初版.--新北市：心理, 2016.02
面；　公分.--（溝通障礙系列；65029）
ISBN 978-986-191-698-9（平裝含光碟）

1.語言障礙教育 2.兒童語言發展

529.63　　　　　　　　　　　　104025373

溝通障礙系列 65029

華語兒童語言樣本分析：使用手冊

作　　者：黃瑞珍、吳尚諭、蔡宜芳、黃慈芳、鄭子安
責任編輯：郭佳玲
總 編 輯：林敬堯
發 行 人：洪有義
出 版 者：心理出版社股份有限公司
地　　址：231 新北市新店區光明街 288 號 7 樓
電　　話：(02) 29150566
傳　　真：(02) 29152928
郵撥帳號：19293172　心理出版社股份有限公司
網　　址：http://www.psy.com.tw
電子信箱：psychoco@ms15.hinet.net
排 版 者：辰皓國際出版製作有限公司
印 刷 者：辰皓國際出版製作有限公司
初版一刷：2016 年 3 月
初版二刷：2020 年 9 月
I S B N：978-986-191-698-9
定　　價：新台幣 400 元（含光碟）